PUBLIC ECONOMICS AND POLICY STUDIES

公共经济与政策研究

2014（下）

西南财经大学财政税务学院
西南财经大学地方财政研究中心　编

西南财经大学出版社

《公共经济与政策研究》编委会
(按姓名拼音排序)

学 术 顾 问：郭复初　刘邦驰　沙安文(Anwar Shah)　王国清　曾康霖
编委会主任：刘　蓉
编委会委员：陈建东　陈隆近　付志宇　高　琪　郭佩霞　何加明
　　　　　　马　骁　李建军　吕　敏　王君斌　王　佳　王文甫
　　　　　　文　杰　尹音频　张伦伦　张　明　周克清　周小林
　　　　　　周晓蓉　朱明熙
编辑部主任：李建军
编辑部副主任：陈　江

理事单位

河南开来税务师事务所有限公司
四川卓越税务师事务所有限公司

目 录

2014(下)

1	中国式财政分权制度对我国碳排放影响分析	李齐云 朱 洁 吕园园
12	财政赤字、公共债务与经济增长 ——来自中国的事实	林 江 徐世长
26	地方治理模式：国际经验与中国的改革	王德祥 罗 艺
38	中国地方服务提供与规制责任的经验总结 ——以城市自来水供给为例	周小林
44	中国地方政府自发自还债券的管理与优化	刘楠楠
52	新型城镇化背景下收入分配秩序的财税法规制 ——以不同类型收入为研究对象	席晓娟 杜 剑
62	城镇化进程中的地方财权及其保障	郭维真
69	奢侈消费课税之经济效果与经验	杨子菡
84	科技公共服务支出的区域差异研究	崔惠玉 程艳杰
95	税收征管服务外包风险及对策研究	梁俊娇 张艳江 陶 婕
104	台湾中小企业的贡献与未来发展方向	王素弯
116	房产税税负公平性研究述评	邓菊秋

中国式财政分权制度对我国碳排放影响分析

李齐云　朱　洁　吕圆圆

内容提要： 当前随着我国经济的快速发展，碳排放量也逐年增长，而我国的财政分权制度对经济发展有巨大的推动作用。本文首先从委托—代理关系的角度分析了中国式财政分权制度对我国碳排放的传导机制；然后，利用我国较具代表性的18个省市1990—2008年的面板数据从静态和动态两方面进行了实证检验，得出我国经济发展水平与碳排放量之间存在EKC假设，且中国的财政分权指标对我国碳排放量具有显著的正效应。

关键词： 碳排放；人均GDP；中国式财政分权

一、引言

近年来，随着全球气温的不断升高，碳排放俨然成为国际社会普遍关注的热点问题，同时也对全球经济的可持续发展带来了严峻挑战。2009年，政府间气候变化专业委员会（International Panel of Climate Change，IPCC）发布的第五次评估报告中指出，"人类活动极有可能是20世纪中期以来全球气候变暖的主要原因，可能性在95%以上，而过去的130年全球升温0.85℃。"诸多因素造成了全球平均气温上升，但经研究分析，超过90%的可能性是与人类使用化石燃料产生的温室气体（主要是CO_2）增加有关（IPCC，2007a），而化石燃料的高消耗主要是源于当前工业经济发展的需要。在这种背景下，经济的高速发展与高碳排放似乎具有一定的必然性，却违背了绿色可持续的发展目标。中国作为一个世界发展大国，经济结构尚不完善，在经济取得了快速发展的同时，碳排放量不可避免地会随着经济的增长而不断增加。据报道，2007年，中国已超过美国迅速成为世界上最大的二氧化碳排放国，《中国低碳发展报告》（2013）的研究显示，2011年能源消耗

作者简介：李齐云，山东大学经济学院教授、博士生导师；朱洁，山东大学经济学院博士研究生；吕圆圆，山东大学经济学院硕士研究生。

基金项目：国家社会科学基金重大项目"深化收入分配制度改革的财税机制与制度研究"（13&ZD031）；国家社会科学基金重点项目"深化税收制度改革与完善地方税体系研究"（14AZD023）；国家社会科学基金项目"深化税收体制改革研究"（13BJY155）。

的二氧化碳排放增至 7 362 MtCO$_2$（百万吨二氧化碳），比上年增长 7.9%。在全球气候变化框架下，世界各国都极力倡导和探索低碳经济的发展，我国作为负责任的发展中大国必然面临着巨大的减碳、减排压力。

当前我国的碳排放量与经济发展具有一定的必然关系，而中国经济的发展又得益于中国的分税制改革。特别是财政分权制度化以后，在政治集权的前提下进行了财政分权，中央政府赋予了地方政府更多的发展自主权，故地方政府面临着更多的选择权和控制权。在这种政治集权下的财政分权下，地方政府往往把经济指标作为工作的重点，而忽略了对生态环境的保护。当前有关财政分权与环境污染的文献相对较少，国外文献方面，Lopez 等（2000）研究了环境质量和政府腐败与寻租行为之间的关系，发现腐败虽然没有改变 EKC 曲线的存在，但财政分权导致的腐败和寻租行为提高了 EKC 假说中倒 U 曲线拐点的位置。Sigman（2007）探讨了环境质量上的分权对全球水污染的影响，实证检验得出，分权下的政策更倾向于调整本地情况，分权制度在一定程度上加剧了水污染的程度。国内文献方面，杨瑞龙、章泉、周业安（2008）利用 1996—2004 年的省级面板数据检验了财政分权和中国环境质量之间的关系，通过动态面板分析得出财政分权对环境质量负效应的结论以及人口年龄分布、教育水平、城市化进程也对环境质量起一定的推动作用。李猛（2009）认为，中国式的财政分权导致地方政府税收激励扭曲，加速了对生态环境的破坏，其利用 1994—2006 年省级面板数据验证了 EKC 曲线的存在，且得出大部分省份的财力都处于倒 U 曲线的左半段，距离拐点甚远。叶倩瑜（2010）从理论上分析了财政分权的积极作用，并指出财政分权使得地方政府对环境治理产生"惰性"，不愿意承担保护环境的责任。郑周胜、黄慧婷（2010）运用省级面板数据从中国式财政分权角度，分析了环境污染问题，得出财政分权制度促进了地方经济的发展，同时也导致了我国环境质量的恶化，并且财政分权制度对东中西地区的环境污染的影响程度不同。张克中、王娟和崔小勇（2011）从碳排放的角度对财政分权制度和环境污染进行了计量分析，得出两者存在正相关关系，且贸易开放度也促进碳排放量的增加，产业研发能力的提高有利于碳排放的减少。郑周胜（2012）从中国式财政分权角度解释我国的环境污染问题，阐明了中国式财政分权的体制变迁及其所蕴含着的激励与约束机制。通过建立中央与地方的多任务委托代理模型以及地方政府与排污企业的博弈模型，发现以 GDP 为核心的中国式财政分权改革改变了地方政府的激励结构及行为特点，进而造成环境污染这一扭曲结果。闫文娟、钟茂初（2012）从理论和实证两方面探讨了中国式财政分权对环境污染的影响，得出中国式财政分权下的事权分权，抑制了地方污染公共品（固定废弃物）的排放强度，但对有负外溢性的全国污染公共品（废水、二氧化硫）有促进作用。刘琦（2013）使用中国省级面板数据分析了财政分权制度对环境污染和治理的影响。实证结果显示，财政分权制度对各种工业污染排放量具有促进作用，且工业化和城镇化进程也加剧了环境污染程度和治理难度。综述文献所述，可得在中国式的财政分权体制下，地方政府之间经济指标的竞争会对环境造成恶意的破坏，粗放的经济发展模式都使各地的碳排放会增加，进而目前中国的财政分权程度越高，碳排放越多，越不利于低碳经济的发展。

二、委托代理理论视角下我国财政分权制度对碳排放的传导机制

1994年以来的分税制改革，将财政分权制度化和法制化，使中国经济取得了突飞猛进的发展。但中国的财政分权制度又不同于西方国家的分权制度，它是一种有中国特色的政治集权下的财政分权，实质上是形成了中央政府与地方政府之间的一种委托代理关系，中央政府是委托人，地方政府是代理人。

首先，财政分权制度赋予了地方政府更多事权以及自主发展权。中央政府作为委托人必然会对其代理人地方政府建立系统的考核标准以作为其绩效评估的依据，由于我国正处于经济发展期，经济指标就会成为考核机制的主导。在此背景下，地方政府之间作为中央政府的多个代理人相继就产生了各种竞争关系。受中央政府对地方政府绩效评估的影响，各地政府行为也相应发生了一定的变化：从宏观角度分析，地方政府受分权后财政激励的影响，竞相展开了税收竞争，积极吸引各种投资企业，增加地方政府的财源，扩大地方政府的税基，进而增加财政收入；从微观角度分析，地方政府官员受中央政府制定的政治晋升制度和个人收入激励的影响，他们更热衷于与他们政治晋升有关的各项绩效考核指标的发展，比如说引进外资、扩大税基等，而可能忽视了生态环境等见效慢的建设，甚至会存在以牺牲环境换取经济发展的情况。在财政激励、政治激励和个人收入激励的作用下，地方政府行为发生了异化，往往忽略对环境的负外部性一心竞相争税源、将财政支出更多地投资于见效快的基础设施、高耗能高污染的产业，进而滋生了资本驱动型的经济增长方式，在一定程度上挤压了对绿色发展经济方式的激励，使地方政府产生了"唯GDP论"的发展理念，粗放的经济发展方式应然而生。从委托代理理论来看，我国的财政分权制度对碳排放的传导机制如图1所示。

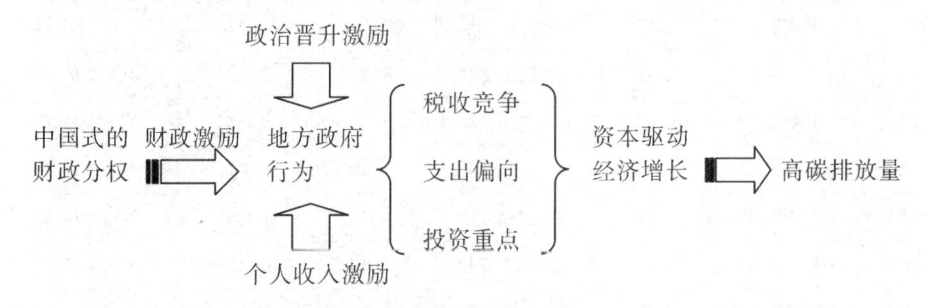

图1 我国财政分权制度对碳排放的传导机制图

综上所述，在委托代理理论视角下，财政分权制度产生的政治、经济和个人收入三种激励机制均使地方政府行为产生了异化，进而促进了高碳排放量。

三、数据选取和模型设定

（一）碳排放量的计算

依据2007年政府间气候变化专门委员会（IPCC）第四次评估报告，温室气体的主要来源为能源消耗，将能源分为煤炭、石油、天然气和水电、核电四大类。本文碳排放量采取各能源消耗量乘以各自的碳排放系数所得。碳排放量的计算公式为：

$$E_{it} = \sum (C_{ijt} \times \alpha_j)$$

式中：E_{it}代表i地区t年的碳排放量；C_{ijt}代表i地区j种能源的消耗量；α_j是指j能源的碳排放系数。

四大类能源的碳排放系数示意表如表1所示。

表1 　　　　　　　四大能源碳排放系数示意表

数据来源	煤炭	石油	天然气	水电、核电
日本能源经济研究所	0.756	0.586	0.449	0
美国能源部、能源资料协会	0.702	0.478	0.389	0
国家发展和改革委员会能源研究所	0.747 6	0.582 5	0.443 5	0

注：本文采用国家发展和改革委员会能源研究所的碳排放系数计算全国及各省的碳排放量。

根据上述公式，可以得到我国1990—2008年的碳排放量，如表2所示。

表2 　　　　我国1990—2008年碳排放量、GDP、能源消耗量

年份	碳排放量（万吨）	碳排放增长率(%)	国内生产总值（亿元）	GDP增长率(%)	碳排放强度（吨/万元）	能源消耗量（万吨每标准煤）
1990年	66 691.61		18 718.32		3.56	98 703.00
1991年	70 302.72	5.41	21 826.20	16.60	3.22	103 783.00
1992年	73 831.37	5.02	26 937.28	23.42	2.74	109 170.00
1993年	78 051.54	5.72	35 260.02	30.90	2.21	115 993.00
1994年	82 292.89	5.43	48 108.46	36.44	1.71	122 737.00
1995年	87 577.05	6.42	59 810.53	24.32	1.46	131 176.00
1996年	93 274.43	6.51	70 142.49	17.27	1.33	135 192.00
1997年	91 277.22	-2.14	78 060.83	11.29	1.17	135 909.00
1998年	86 630.30	-5.09	83 024.28	6.36	1.04	136 184.00
1999年	88 000.59	1.58	88 479.15	6.57	0.99	140 569.00
2000年	90 427.56	2.76	98 000.45	10.76	0.92	145 531.00
2001年	92 158.97	1.91	108 068.22	10.27	0.85	150 406.00

表2(续)

年份	碳排放量（万吨）	碳排放增长率(%)	国内生产总值（亿元）	GDP增长率(%)	碳排放强度（吨/万元）	能源消耗量（万吨每标准煤）
2002年	97 680.58	5.99	119 095.69	10.20	0.82	159 431.00
2003年	114 129.25	16.84	135 173.98	13.50	0.84	183 792.00
2004年	132 056.19	15.71	159 586.75	18.06	0.83	213 456.00
2005年	146 343.16	10.82	184 088.64	15.35	0.79	235 997.00
2006年	160 347.00	9.57	213 131.70	15.78	0.75	258 676.00
2007年	172 590.97	7.64	259 258.91	21.64	0.67	280 508.00
2008年	182 088.74	5.50	302 853.36	16.82	0.60	291 448.00
2009年	198 668.74	9.11	340 902.80	12.56	0.58	306 647.00
2010年	207 492.07	4.44	401 512.80	17.78	0.52	324 939.00
2011年	223 374.97	7.65	472 881.60	17.77	0.47	348 002.00
2012年	228 062.48	2.10	518 942.11	9.74	0.44	361 732.00

从表2可以看出，我国碳排放量、国内生产总值和能源消耗量绝对量上呈现不断增长的趋势，国内生产总值的增长率波动要大于碳排放量和能源消耗量。从相对量来看，我国碳排放强度呈现直线下降的趋势。所谓碳排放强度是指单位GDP所承担的碳排放量，其既是衡量能源效率的一重要指标，也是反映经济质量的重要指标。我国碳排放强度从1990年的3.56吨/万元降低到2012年的0.44吨/万元，平均下降水平高达8.89%，表明了中国经济的发展速度大大高于碳排放的增长速度。但鉴于中国的减排任务是以绝对量为主要指标的，故我国依旧面临较大的减排压力。

(二) 数据选取

受数据限制，本文选取了较有代表性的18省市1990—2008年的面板数据进行分析，分别包括北京市、河北省、内蒙古自治区、辽宁省、吉林省、黑龙江省、江西省、山东省、河南省、湖北省、广东省、广西壮族自治区、云南省、陕西省、甘肃省、青海省、宁夏回族自治区、新疆维吾尔自治区。其中，北京市、河北省、辽宁省、山东省、广东省属于东部地区，内蒙古自治区、黑龙江省、江西省、河南省、湖北省属于中部地区，广西壮族自治区、陕西省、甘肃省、青海省、宁夏回族自治区、新疆维吾尔自治区属于西部地区，地区分布较为平衡，能在一定程度上反映我国的整体情况。

四、实证分析

(一) 人均GDP与人均碳排放量的格兰杰因果检验

改革开放以来，我国人均碳排放量与人均GDP均呈现快速增长的趋势，特别是 1994 年分税制改革以后中国迎来了新的发展高峰，人均 GDP 迅速攀升，图 2 反映了我国 1978—2012 年的人均碳排放量和人均 GDP 的增长趋势。由图 2 可知，以 1998 年为界，人均 GDP 开始高于人均碳排放量，且差距越来越多。从总趋势上来看，尽管两者都呈现上升的发展方向，但很难直接得出经济增长导致碳排放增加抑或碳排放增长导致经济增长的结论，故有必要对两者做相关的格兰杰因果检验。

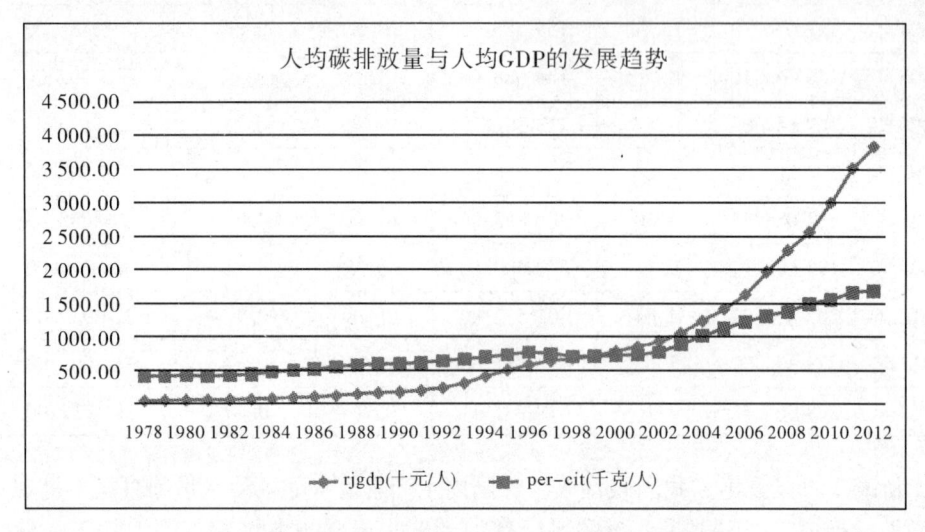

图 2 我国人均碳排放量和人均 GDP 的发展趋势图

检验结果如表 3 所示，对于原假设 H0：人均 GDP 不是导致人均碳排放量的格兰杰因中，得出 p=0.001 2，我们可以拒绝原假设，即人均 GDP 是导致人均碳排放量的格兰杰因；相反，第二检验中 p=0.801 6，接受原假设，即人均碳排放量不是人均 GDP 的格兰杰因。需要指出的是，格兰杰因果检验只是证明一个变量是否对另一个变量有"预测功能"，而非真正意义上的因果关系。人均 GDP 是人均碳排放量的单向格兰杰原因恰好在一定程度上反映了目前我国的高碳排放量主要是源于我国经济的高速发展水平，而经济的快速发展并没有依赖于对能源的大量消耗。

表 3   格兰杰因果检验结果

原假设	Obs	F 统计量	P 值
rjGDP 不是 Percit 的格兰杰原因	33	5.74	0.001 2
Percit 不是 rjGDP 的格兰杰原因	33	0.22	0.801 6

（二）我国财政分权制度对碳排放量的计量分析

目前关于碳排放量的影响分析有很多，由于中国特色的财政分权制度对我国经济发展具有巨大的推动作用，而经济发展又与碳排放量具有密不可分的关系，故将财政分权指标纳入碳排放量的评估方程中：Percit=f（fd, rjGDP, X）。其中：percit 代表人均碳排放量；fd 代表财政分权指标；rjGDP 代表人均国内生产总值；X

代表其他影响碳排放量的控制指标。本文中将选取工业化水平（indus）、对外直接投资（fdi）、地区教育水平（edu）、能源结构（energy）、城市化水平（urban）作为控制变量。各指标计算方法如表4所示。

表4　　各解释变量计算公式统计

变量名称	变量符号	变量计算公式
财政分权	Fd	省级政府的人均财政支出/（省级政府人均财政支出+中央政府人均财政支出）
人均国内生产总值	rjGDP	GDP/人口
工业化水平	indus	第二产业生产总产值/GDP
对外开放度	FDI	进出口贸易总额/GDP
教育水平	edu	大中院校学生人数/总人数
能源结构	energy	煤炭消耗量/能源消耗量

图3是本文18个省市1990—2008年人均碳排放量的时间趋势图。从图3可以看出，虽然18个省市的人均碳排放量的波动性各不相同，但整体都呈现逐渐上升的趋势，故应不存在个体效应。即在计量模型的设定中没有考虑个体效应。

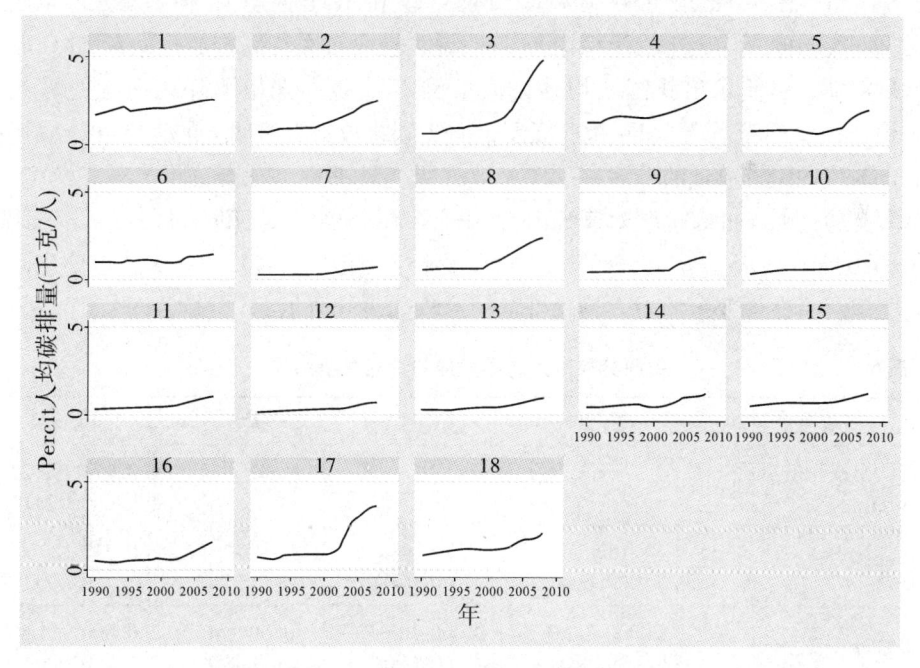

图3　我国18个省市人均碳排放量的增长趋势图

基于财政分权制度对碳排放量的面板数据分析，本文建立以下人均碳排放量的评估方程式：$percit = \alpha_i + \beta_1 rjgdp_{it} + \beta_2 rjgdp_{it}^2 + \chi fd_{it} + \varphi X_{it} + \varepsilon_{it}$。其中：$percit$代表$i$省$t$年的人均碳排放量；$rjgdp_{it}$代表$i$省$t$年的人均国内生产总值；$fd_{it}$代表$i$省$t$

年的财政分权指标；X_{it}代表i省t年的控制变量，包括工业化指标、对外直接投资指标、教育水平指标和能源结构指标；E_{it}代表i省t年的随机误差项；i代表省份，$i=1，2，……18$；t代表时间，$t=1990，1991，……2008$。对上述各指标的统计特征如表5所示。

表5　各解释变量描述性统计

变量名称	样本数	均值	标准差	最小值	最大值
人均碳排放量（吨/人）	342	1.054	0.747	0.172	4.907
财政分权指标	342	0.442	0.103	0.264	0.733
人均国内生产总值（元/人）	342	8 862.535	8 628.332	1 066.144	63 029
工业化指标	342	0.436	0.066	0.257	0.578
对外直接投资	342	0.199	0.351	0.000	2.259
教育水平	342	0.008	0.108	0.001	0.069
能源结构	342	0.675	0.178	0.115	0.967

分别对人均碳排放量进行随机效应、固定效应分析以及系统GMM检验，结果如表6所示。模型一为固定效应模型；模型二为随机效应模型；模型三是静态面板数据发现我国的人均碳排放量存在EKC假说，进而对人均碳排放量做了EKC曲线的回归模型，以便求出我国人均碳排放量倒U曲线上开始下降的拐点处的人均GDP值；模型四为系统GMM检验模型，由于碳排放具有时间上的连续性，故模型四加入了我国碳排放量的滞后一阶作为被解释变量进行了动态分析。对于模型一、二，本文通过hausman检验对于原假设H0：difference in coefficients not systematic，p值=0.035 1<0.05，故在5%的显著性水平上强烈拒绝"H0"，认为应该使用固定效应模型。具体各变量的对人均碳排量的影响如表6所示。

表6　财政分权对人均碳排放的计量分析结果

解释变量	模型一	模型二	模型三	模型四
人均碳排放量的滞后一阶（per-cit-1）				0.974 793 2*** (0.000)
财政分权（fd）	4.122 555*** (0.000)	3.709 988*** (0.000)		0.212 129 4*** (0.000)
人均GDP	0.000 211 3*** (0.000)	0.000 203 8*** (0.000)	0.000 16*** (0.000)	0.000 034 8*** (0.000)
人均GDP^2	$-4.11\text{e}{-}09$*** (0.000)	$-4.37\text{e}{-}09$*** (0.000)	$-2.13\text{e}{-}09$*** (0.000)	$-1.40\text{e}{-}9$** (0.012)
工业化水平（indus）	1.726 318* (0.054)	2.855 068*** (0.001)		-0.123 746 8 (0.826)

表6(续)

解释变量	模型一	模型二	模型三	模型四
对外直接投资（fdi）	5.08e-07*** (0.000)	5.25e-07*** (0.000)		0.069 508 4*** (0.000)
教育水平（edu）	-0.007 591 2*** (0.000)	-0.007 720 2*** (0.000)		5.961 803* (0.086)
能源结构（energy）	1.933 921*** (0.000)	2.219 512*** (0.000)		0.774 302 9*** (0.000)
_cons	-2.223 761*** (0.007)	-3.620 012*** (0.000)	0.005 1** (0.366)	-0.637 455*** (0.004)
R^2	0.765 3	0.740 6	0.619 8	
估计方法	FE	RE		系统GMM
观测值	342	342	342	

注：***、**、*分别表示变量在1%、5%和10%的显著水平上通过显著性检验。

FE表示固定效应模型；RE表示随机效应模型；系统GMM表示动态面板数据的系统广义矩估计模型。

（1）财政分权指标（fd）。有关财政分权的计算方法可以分为三类：收入类、支出类和边际留成率。Ma（1997）以省级政府在预算收入中保留的平均份额来衡量财政分权程度[1]；Zhang和Zou（1998）采用省级政府的预算财政支出占政府财政总支出的比率[2]；Lin和Liu（2000）采用省级政府在本省预算收入中的边际分成率来衡量财政分权，即根据省级政府提留了多少财政收入增加额来衡量其财政分权水平[3]；乔云宝（2005）采用一个省的人均财政支出占人均总财政支出的份额[4]。本文选择乔云宝的算法，因为支出类指标更能体现地方政府事权和财权的匹配度。在模型中，财政分权对人均碳排放量在1%的显著性水平下均呈现正相关关系。这表明在中国特色的财政分权理论下，地方事权一般要大于财权，政府政府较为关注地区的经济指标而忽略了环境的影响，进而导致了高碳排放量。

（2）人均国内生产总值指标（rjGDP）。人均GDP是衡量一国经济发展水平的重要指标，人均GDP越高，表明经济发展水平越好。实证中加入人均GDP的二次项验证我国人均碳排放量是否存在环境库兹涅兹曲线假说。实证结果显示我国人均碳排放量与人均GDP之间存在EKC假说。模型三对两者进行估计得出倒U曲线上使人均碳排放量开始下降拐点处的人均 $GDP = -\dfrac{0.000\ 16}{2\times(-2.13e-09)} = 37\ 558.68$

---

[1] Ma, Jun, China's Economic Reform in the 1990s, 1997.

[2] Zhang, T. And Zou, H. Fiscal Decentralization, Public Spending and Economic Growth in China [J]. Journal of Public Economics, 1998, 67: 221~240.

[3] 林毅夫, 刘志强. 中国的财政分权与经济增长 [J]. 北京大学学报：哲学社会科学版, 2000 (4).

[4] 乔宝云, 范剑勇, 冯兴元. 中国的财政分权与小学义务教育 [J]. 中国社会科学, 2005, 6 (7): 7.

（元/人），即只有当人均 GDP 大于 37 558.68 元时，人均碳排放量才会随着人均 GDP 的增加而减少，实现经济增长与低碳排放的双赢局面。

（3）工业化指标（indus）。在静态模型中，工业化水平在 1% 的显著性水平上与我国人均碳排放量呈正相关关系；而在动态模型中，工业化水平对人均碳排放量相关性不大。第二产业主要包括制造业、采矿业、水力、电力等行业，其快速发展离不开对能源的刚性需求。近年来尽管服务业等第三产业在我国有了快速的发展，但其对经济增长的贡献值还远低于第二产业的贡献值。故工业化水平越高，人均碳排放量就越大。

（4）对外直接投资指标（fdi）。根据比较优势原则，一国会出口本国具有比较优势的产品，我国具有比较优势的产品一般为资源和劳动力密集型的制造业产品，故从理论上说，对外直接投资对人均碳排放量具有促进作用，实证结果表明我国对外直接投资虽对人均碳排放量在 1% 的水平上具有显著正相关性。

（5）教育水平指标（edu）。在静态模型中，教育水平对人均碳排放量在 1% 的显著性水平上对人均碳排放量具有负相关关系。一般一国的教育水平越高，整个国民素质就得到了提高，对软环境、生活质量的要求就越高，若当地碳排放量的增加严重影响该地区生态环境的发展，教育水平较高的居民的维权意识要更强一些，在一定程度上可以抑制部分企业减少碳排放量，故从这个角度分析教育水平越高，该国的碳排放量应该越低。而在动态模型中，教育水平对人均碳排放量呈显著正相关关系，教育水平高的地方城市化水平一般较高。在城市化的进程中，大量基础设施的建设往往会导致环境的污染，故从这个角度来说，教育水平越高的地方碳排放量也可能呈现增长的趋势。

（6）能源结构指标（energy）。在各个模型中，能源结构在 1% 的显著性水平上促进了人均碳排放量的增长。在煤炭、石油、天然气以及水电核四大类能源中，煤炭的碳排放系数最大，故煤炭消耗量越大，人均碳排放量就越大。

五、结论

通过实证检验可以得出，我国的财政分权制度对我国碳排放量呈现显著正相关关系，这主要受制于我国政治集权下的财政分权制度。我国实施财政分权以来，中央政府与地方政府形成了一种委托—代理关系，地方政府的绩效考核仍决定于中央政府，在政治激励、财政激励的影响，地方政府之间形成了各种博弈，碳排放量作为具有负外部性的全国公共产品，地方政府都产生了"搭便车"行为，往往增加了碳排放量，形成了资本驱动型经济发展模型，粗放的经济发展模式下必然导致我国的高碳排放量。

本文同时验证了其他控制变量工业化水平、对外直接投资、能源结构和教育水平对我国碳排放量的影响也较大。其中，工业化水平、对外直接投资和能源结构对我国人均碳排放量呈正相关关系，而教育水平呈负相关关系。故我国可以通过大力发展清洁能源优化能源结构、科技创新提高能源效率、加速产业升级、完善分权下的地方政府考核机制，加入环保考核机制等手段，加大对低碳产业和企业的扶持力度，强化低碳意识等手段减少我国的碳排放。

参考文献：

［1］蔡昉，都阳，王美艳. 经济发展方式转变与节能减排内在动力［J］. 经济研究，2008（6）.

［2］李达，王春晓. 我国经济增长与大气污染排放的关系——基于分省面板数据的经验研究［J］. 财经科学，2007（2）.

［3］李志国，李宗植，周明. 东部地区能源碳排放的省域比较及因素分析［J］. 当代经济管理，2011（10）.

［4］刘琦. 财政分权、正负激励与环境治理［J］. 经济经纬，2013（2）.

［5］马晓钰，李强谊，郭莹莹. 中国财政分权与环境污染的理论与实证——基于省级静态与动态面板数据模型分析［J］. 经济经纬，2013（5）.

［6］乔宝云，范剑勇，冯兴元. 中国的财政分权与小学义务教育［J］. 中国社会科学，2005（6）.

［7］薛刚，孙孝珍. 财政分权对我国环境污染影响程度的实证分析［J］. 中国人口·资源与环境，2012（1）.

［8］闫文娟，钟茂初. 中国式的财政分权会增加环境污染吗？[J]. 财经论丛，2012（3）.

［9］张克中，王娟，崔小勇. 财政分权与环境污染——碳排放的视角［J］. 中国工业经济，2010（10）.

［10］郑周胜，郭志仪. 财政分权，晋升激励与环境污染：基于1997—2010年省级面板数据分析［J］. 西南民族大学学报：人文社会科学版，2013（3）.

［11］LOPEZ R, MITRA S. Corruption, pollution, and the Kuznets environment curve［J］. Journal of Environmental Economics and Management，2000，40（2）：137-150.

［12］SIGMAN H. Decentralization and environmental quality: an international analysis of water pollution, Z. NBER Working Paper, 2009.

财政赤字、公共债务与经济增长
——来自中国的事实

林 江　徐世长

内容提要：本文区别于以往单独研究财政赤字与公共债务对经济增长的影响机制，首先从动态关系层面探讨了财政赤字与公共债务之间的参数关系，并借此进一步分析了二者的变化对经济增长影响的路径问题。来自中国经济增长的事实得出了以下结论：①财政赤字与公共债务之间呈现相对独立性，但经验数据的结果显示二者存在统计意义上的 Granger 关系，即经济繁荣时期财政"缺口"的缩小，但公共债务依然可能高位运行；②中国政府财政赤字与公共债务之间对推动经济增长的作用明显，政府债务率的波动由实际利率、初始债务存量、经济增长率内生的决定；③财政赤字、公共债务与经济增长之间存在着紧密的相关关系，赤字率超过了设定的临界值，经济增长的稳态将不会出现，同时伴随着资本增长的连续下降，会对经济增长带来负面影响。

关键词：财政赤字；公共债务；经济增长

一、问题的提出

自财政赤字与政府公共债务作为独立的变量，被引入经济增长模型以来，关于其变化对社会居民、企业的消费与投资行为的影响，进而影响国民收入的分析范式，便出现在了自 20 世纪 60 年代以来的欧美主流研究文献中，并沿着以下两条路径展开讨论：①作为财政功能的预算赤字，是否应该遵循严格的年度或者是周期性平衡；②公共债务与经济增长之间的关系，在不同的理论学派之间，显然分歧较大，从"债务威胁论"到"李嘉图等价"，描述的是"财政政策中性"的结论，从"凯恩斯主义""新古典综合理论"到"新凯恩斯主义"。作为政策工具的公债，虽然受到重视而被积极推崇，但一系列关于"挤出效应""通货膨胀""货币幻觉"等负面影响的论点，也不断地在攻击政府公债存在的意义。

关于财政赤字和公共债务在现实经济中的表现，有以下几个方面的情况不可

作者简介：林江，中山大学岭南学院财政税务系主任，教授、博士生导师；徐世长：中山大学岭南学院博士生。

忽视：①数据显示：不管是经济合作与发展组织（OECD）国家，还是亚太市场上的新兴经济体（金砖五国①），在保持 GDP 增长的同时，也出现了持续性财政赤字与债务规模递增并存的现象；② 2007 年次贷危机以来，世界主要经济体普遍进入了一个新的严峻局面：政府债务危机。恰恰是后者，俨然成为目前宏观经济领域研究的重点，美国何以维持"债务循环"的发展模式？欧洲主权债务危机频现②条件下《马斯特里赫特约定》是否成立？政府债务监管是否需要一个全球性的"规则"机制给予约束；③中国作为 GDP 高速增长的新兴经济体，政府债务问题在市场转型过程中的研究意义重大。最优债务规模和财政赤字比例问题，在解决思路和路径设计上有着明显的"异质性特征"。

二、财政赤字与公共债务的动态不一致性

财政赤字与政府债务之间的关系较为复杂，当经济处于上升周期时，财政收入增加，政府的财政赤字规模也许会很小，但是并不意味着当年的政府债务就会低。其原因如下：①政府债务的内涵丰富，除了弥补财政赤字而发行的国债以外，地方政府的隐性债务、国有企业和类政府组织的债务依然可能很高；②通货膨胀的上升，导致当年用于购买支出的政府负担增加，也会增加当年的债务水平，但跟财政赤字的规模关系不大；③当经济处于萧条时，政府财政赤字的规模会增加，但是如果受到严格的财政体制约束，或者是政府风险偏好的差异，本来应该基于促进经济增长的目的而加大债务的发行，但是选择了保守，使得政府债务的规模反而没有那么高。

（一）理论模型

下面将用一个动态的过程来演绎财政赤字与政府债务的内在逻辑关系，以便于更好地进行政策设计。衡量政府债务率的指标有很多种，主流文献在评估债务动态化的过程中主要用未支付的债务规模与名义（或实际）GDP③的比率。对此，本文建立理论模型如下：

（1）给定政府在 t 时期的债务规模为 D_t，名义市场利率为 R_t，经济中的通货膨胀率为 π_t，GDP 的增长率 y_t，物价水平为 P_t，年度财政盈余率 $s_t = S_t/GDP$，名义 GDP $= P_t Y_t$，实际利率 $r = R_t - \pi_t$，财政赤字率为实际经济增长率的某个比例 $c = \omega y_t$（这是一个基于协整回归的假定）。

（2）已知政府在 t 时期的债务率 $b_t = D_t/GDP$，将债务率用名义 GDP 的形式表

---

① 巴西（Brazil）、俄罗斯（Russia）、印度（India）、南非（South Africa）和中国（China）。
② 数据显示：以 2010 年为例，危机最严重的希腊的公共债务占 GDP 的比例高达 143%，而这一指标在国债收益率长期稳定处于低位的德国也高达 83%。更可怕的是这些危机延伸至实体经济，对产出、就业都产生了灾难性的后果。希腊 2010 年 12 月的失业率为 21.2%，而在 2011 年年底仍保持在 20% 以上的高位，25 岁以下劳动人口失业率更是高达 48%。
③ 使用过该指标的有 Robert J. Barro (1974, 1990)、W. G. Bowen R. G. Davis and D. H. Kopf (1960)、Peter A. Diamond (1965)、尹恒（2006）、刘溶沧、马栓友（2001）、陶伟（2013）等的研究文献。

示为 $b_t = D_t/P_tY_t$，假定政府债务的利息率为 d_t，政府债务率的改变量 $\Delta b_t = \Delta D_t/P_tY_t - b_t(\Delta P_t/P_t + \Delta Y_t/Y_t) = \Delta D_t/P_tY_t - b_t(\pi_t + y_t)$。

动态过程如下：

由于 $b_t = D_t/P_tY_t$，两边对时间 t 求全微分可得：

$$d(b_t)/dt = d(D_t/P_tY_t)/dt$$

$$d(b_t)/dt = \frac{d(D_t)P_tY_t - D_t d(P_tY_t)}{(P_tY_t)^2} = \frac{d(D_t)P_tY_t - D_tP_t d(Y_t) - D_tY_t d(P_t)}{(P_tY_t)^2}$$

$$d(b_t)/dt = \frac{d(D_t)}{(P_tY_t)} - \frac{D_tP_t d(Y_t)}{(P_tY_t)(P_tY_t)} - \frac{D_tY_t d(P_t)}{(P_tY_t)(P_tY_t)}$$

将 $b_tP_tY_t = D_t$ 代入上式，并联合 $\Delta b_t = db_t/dt$，$y = dY_t/Y_t$，$\pi = dP_t/P_t$ 可以得到如下的关系：

$$d(b_t)/dt = \frac{d(D_t)}{(P_tY_t)} - \frac{b_t(P_tY_t)P_t d(Y_t)}{(P_tY_t)(P_tY_t)} - \frac{b_t(P_tY_t)Y_t d(P_t)}{(P_tY_t)(P_tY_t)} = \frac{d(D_t)}{(P_tY_t)} - \frac{b_t d(Y_t)}{Y_t} - \frac{b_t d(P_t)}{P_t}$$

$\Delta b_t = \Delta D_t/P_tY_t - b_t(\Delta P_t/P_t + \Delta Y_t/Y_t) = \Delta D_t/P_tY_t - b_t(\pi_t + y_t)$ (1)

（二）理论模型的政策含义

由（1）式可知，t 时期的政府债务率的变动，受到初始债务率、经济增长率、通货膨胀率的影响。为分析问题的方便，假定在 t 时期的政府债务增量等于债务利息减去预算盈余，即 $\Delta D_t = d_tD_t - s_tP_tY_t$，其中 d_t 代表政府债务的利率，由此可得 $\Delta b_t = d_tb_t - s_t - b_t(\pi_t + y_t)$。因为 $c = \omega Y_t$，所以该式子可以重新表述为：$\Delta b_t = d_tb_t - s_t - b_t(\pi_t + \frac{1}{\omega}c)$，即为政府债务率变动的动态路径。

（1）当 $\partial(\Delta b_t)/\partial b_t = (d_t - \pi_t - \frac{1}{\omega}c)b_t > 0$，则根据 t 时期政府预算盈余的具体情况，可以画出政府债务率变动的相位图（见图1）。

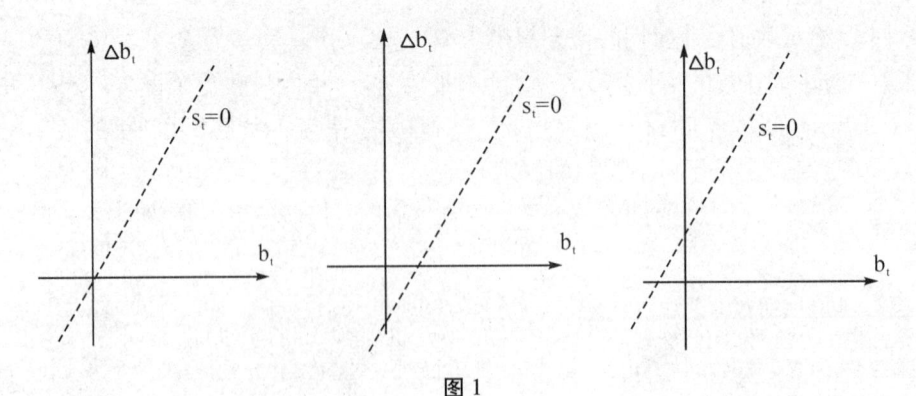

图1

(2) 当 $\partial(\Delta b_t)/\partial b_t = (d_t - \pi_t - \frac{1}{\omega}c)b_t > 0$，则根据 t 时期政府预算盈余 s_t 的具体情况，可以画出政府债务率变动的相位图（见图2）。

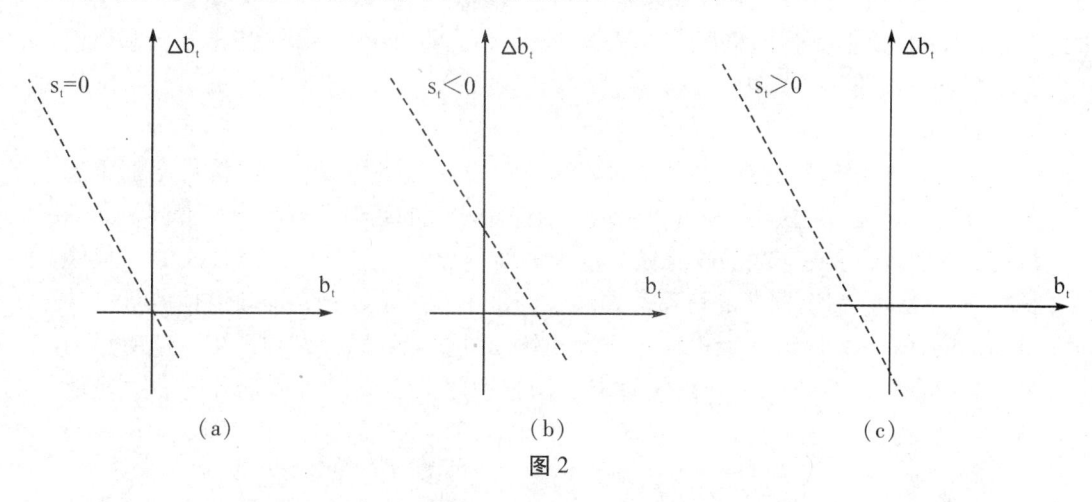

图2

图2描绘了财政赤字、政府债务变动、通货膨胀与实际经济增长率之间的动态关系，由于斜率正负导致了不同的函数图像，但是其背后的分析原理是一致的，对此本文只选择对正斜率[图2(a)]的曲线进行经济政策含义的分析。具体情况如下：①当 $s_t = 0$ 时，即年度政府预算平衡，此时政府债务的变动率取决于 $(d_t - \pi_t - c/\omega)$ 的大小。当政府债务的利息率超过了通货膨胀与经济增长率之和时，政府债务的规模会上升。②当 $s_t > 0$ 时，即出现了年度财政盈余，此时政府债务率的变动，要综合考虑通货膨胀率、经济增长率与盈余率的大小，总体而言，政府债务的规模会小于财政预算平衡时的情况。③当 $s_t < 0$ 时，政府财政赤字使得政府债务将进一步增加。如果此时经济处于繁荣阶段，政府支出的增加导致的财政赤字，理论模型的结论是将会使得政府债务增加的速度更快，这一情况也与本文所研究的出发点正好吻合，即财政赤字与政府债务之间具有独立性，并不存在必然的因果关系，而且政府债务率的决定会受到实际利率与经济增长的约束。④建立在第③点的基础上，笔者将进一步探讨债务危机发生的情形。当财政赤字通过债务而不是税收进行弥补时，如果未来的实际利率升高，加上预算盈余为负（$s_t < 0$），过去的庞大赤字会导致未来的赤字呈现加速增长的趋势。

三、公共债务与经济增长：无差异组合与凯恩斯主义

在宏观经济管理的实践中，政府在出现财政赤字的情况下，除了通过发行债券弥补财政失衡外，还通过货币化的方式进行融资。由此可见，政府债务只是促进经济增长的一种手段和工具。值得研究的是：即使是在财政出现盈余的情况下，政府依然可以通过增加公共债务的方式来实现经济增长和社会保障的多重目标。

（一）经济增长与债务规模的无差异组合

国际上多数研究发现过高的政府债务对长期经济增长不利。如 Kumar 和 Woo

（2001）设计了对发达国家与新兴经济体40多年的面板数据模型，旨在考察政府债务与经济增长的经验关系。研究表明：政府债务与经济增长负相关，在考虑其他控制变量的情况下，负债率每增加10个百分点，将导致真实GDP增长率下滑约0.2个百分点，且发达国家下降的程度稍低一些；Sheikh（2010）考察了巴基斯坦国1972—2009年政府国内债务与经济增长的关系，研究得出政府债务对经济增长的负面影响大于正面。

本文关于经济增长与公共债务规模选择的设计思路如下：①经济社会的常态是"非充分就业"，不同的经济增长水平对应着相应的政府债务规模。②同一条经济增长率曲线，会有不同的政府债务规模的情形出现，此时反映出政府的"风险偏好"不同。③完全预期的情形，在现实经济中几乎不存在，即政府债务规模的增加，依靠赤字性财政政策推动经济增长的动机被社会居民所预期到，此时增加的债务利息收入会被当成未来应对高额国家税收的资源，而不是所谓的"净财富"，预防性储蓄动机导致投资下降，没有出现较高的经济增长率。图3和图4对于政府在赤字财政政策的制定与选取中提供了比较清晰的政策组合思路。

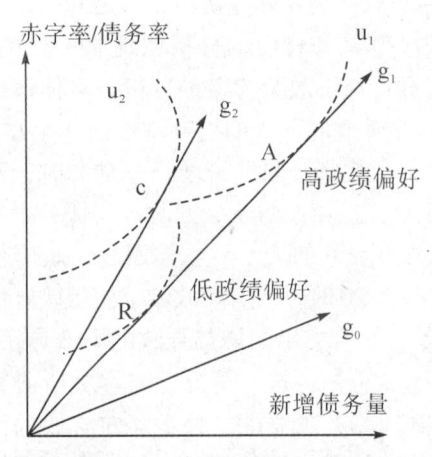

图3　经济增长速度与债务选择的无差异曲线 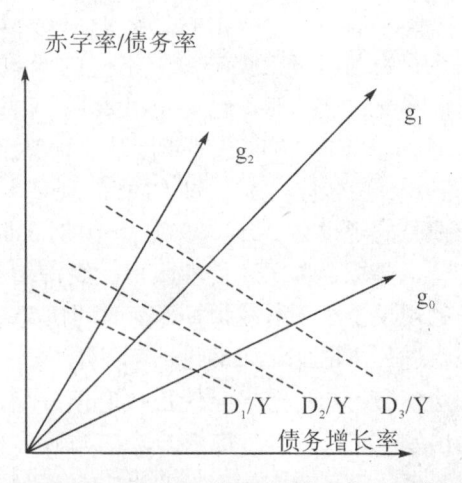　　**图4　凯恩斯主义模型下的债务与经济增长**

如图3所示，①虚线部分代表不同债务水平选择的无差异曲线，其中U_2比U_1代表更高的债务水平倾向，其中g_0、g_1和g_2代表不同的经济增长率。②在不同的经济增长率条件下，政府选择g_2对应的债务水平U_2，说明要保持较高的经济增长率，可以采取较高的债务率。这里，事实上已经论证了赤字性财政政策对经济增长的拉动作用。反向考察，一个不可忽视的事实就是：经济增长速度越快的国家，政府面临的赤字率和债务率可能同时都很高，尤其是当国民经济遭受到外部金融危机的冲击时，逆周期的财政政策，很容易将经济增长和债务水平同时送向高位。③在同一经济增长率水平下，政府面临着不同的债务水平（g_1，U_1）和（g_1，U_1^*）。这时的最优组合很有现实意义：一方面，如果能够在保持较低政府债务水平的条件下，同样实现了速度为g_1的经济增长，可谓最好；另一方面，是什么原因导致政府债务高涨的同时，经济产出依然停留在 g_1 的水平，是否真的存在"挤出效应"，或者是经济结构不合理，劳动生产效率低下等问题，都值得关注。

（二）经济增长与债务规模选择：凯恩斯主义

如图4所示，凯恩斯主义框架下的政府债务与经济增长水平的运动问题，分两种情况：①如果此时的国民经济处于"充分就业"的稳定状态，按照凯恩斯的观点，社会资源都得到了合理的配置，此时政府如果发行债务①，实行扩张性的财政政策，就会产生一系列的负面影响，从而当债务债务率从 D_1/Y 经过 D_2/Y 上升到 D_3/Y 的高位时，经济增长率便由 g_2 下降到 g_1 最后降为 g_0，显然这一解释符合古典学派和部分公共选择学派的观点。其实即使是凯恩斯主义的拥护者，对这样的一个过程也是接受的（主要考虑到的是政府投资对私人投资的挤出效应，货币增发对社会经济中物价的推动效应，庞氏规则导致的政府国家信用的下降所产生的负面影响等）。②当国民经济处于衰退，或者是"非充分就业"状态，社会上拥有可以大量使用的闲置资源，政府通过赤字性财政政策，扩大社会总需求，促进经济增长，此时人们对未来的经济增长和收入增长有一个很好的预期，政府债务融资的结果是引导了社会投资和加强了当期的消费，从而使得经济增长率会随着政府债务增长率的上升而提高［如（g_2，D_3/Y）组合］，按照理性预期的观点，经济增长率可能随着债务增加而变成一个固定的较高水平的 Y^*（此时也称为"潜在产出"）。

事实上，文献研究的相关结论，也支持了本文的分析。比如 Saint – Paul（1992）分别从政府债务、社会保障体系以及投资补贴税三个方面探讨了内生增长模型中的财政政策问题，研究指出政府债务规模的增加将促进社会资本形成，从而有利于经济增长率；Tito and Fernando（2011）运用七国集团（G7）国家1990—2008年的数据对政府债务与经济增长的关系进行了实证设计，研究指出"李嘉图等价"定理并不具备普遍的正确性，德国政府债务与经济增长呈现出负效应，日本、意大利、英国、加拿大的数据显示其效应显著为正。

四、中国的事实

赤字性财政自凯恩斯主义流行以来，被包括中国在内的许多国家所接受。数据显示：改革开放以来，我国只在1978年、1981年、1985年和2007年里发生了财政盈余，其余时间都是财政赤字，很自然就会产生政府债务的问题②。由于中国特殊的国情和经济建设的长期计划性质，凯恩斯主义的理论体系很显然更适合作为我国宏观调控的理论基础和政策选择。

---

① 这里分析的情景只是一种假定，事实上政府很难把握宏观经济是否已经实现了"充分就业"。

② 我国政府债务长期就是指中央政府向社会进行的债务融资，政府的公债也即是国债。2011年11月20日财政部公布：上海市、浙江省、广东省、深圳市开展地方政府自行发债试点，四省市共发债229亿元。我国地方政府债务在统计标准和统计口径的规范上相对滞后。

（一）财政赤字与中国经济增长

在关于财政赤字与经济增长的理论研究文献中，岳鹄（2010）基于巴罗的政府支出内生增长模型实证检验了我国的情况，研究指出在短期内财政赤字将促进经济增长，长期是负影响，而且二者之间呈现双向因果关系；方文全（2011）通过构建财政赤字、金融发展与经济增长的面板数据模型，实证了中国29个省1993—2006年的数据，研究指出财政赤字对经济货币化指标具有显著的正向影响，扩张性财政政策通过资金积累促进经济增长。由此可见，在财政赤字对经济增长关系的检验中，得到了理论模型的支持。图5反映的是中国改革开放以来财政赤字、实际人均国内生产总值、国民收入增长率之间的经验趋势。

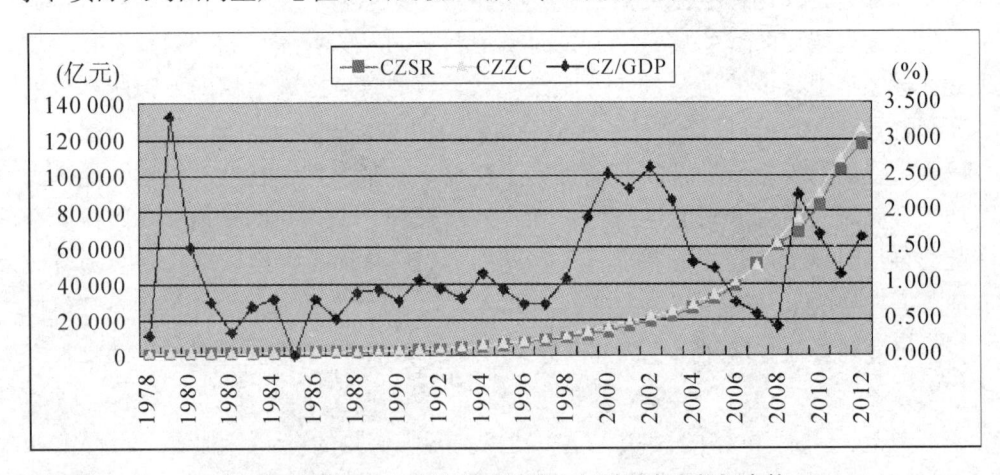

图5 我国1978—2012年财政收支与财政赤字数据走势

注：坐标轴的左边反映的是财政收入（CZSR）与财政支出（CZZC）的数据走势，右边反映的是历年我国出现的财政赤字（CZCZ）情况。

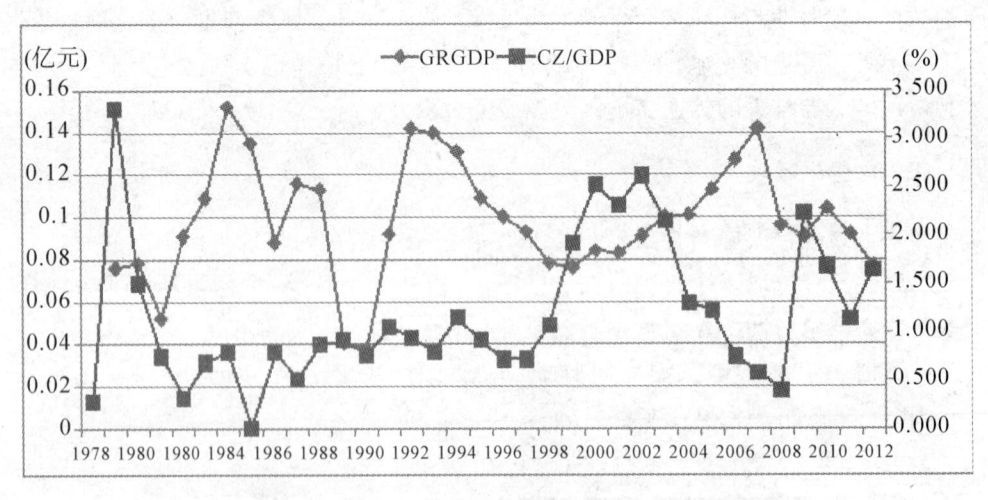

图6 我国1978—2012年财政赤字率与GDP增长率走势

注：坐标轴的左边反映的是GDP增长率（GRGDP）的数据走势，右边反映的是历年我国出现的财政赤字率（CZ/GDP）情况。

图 5 所示：①改革开放以来，我国财政收入与财政支出均出现了快速增长的趋势，其中 2012 年政府财政收入和财政支出分别为 11.7 万亿元和 12.6 万亿元，分别为 1978 年的 103.54 倍和 112.5 倍，反映出伴随着我国国民经济的快速增长，财政工作也取得了巨大的成就。②改革开放以来，财政赤字的走势呈现"先平稳，后剧烈波动"的态势。35 年中，按照统计口径，我国只在 1978 年、1981 年、1985 年和 2007 年里发生了财政盈余，其余时间都是财政赤字，充分论证了财政赤字已经成为我国宏观经济发展中的常态。③我国财政赤字的走势中有两个明显的快速增长阶段：1998—2006 年和 2008—2012 年。尤其是美国金融危机以来，中国政府为了扩大内需，保持宏观经济稳定增长的局面，4 万亿元的政府投资以及名目众多的地方政府投融资平台的建设，使得财政支出有了较大的增长，财政赤字规模变大，政府公共债务的压力也随之增加。

如图 6 所示：①改革开放以来，我国 GDP 增长率维持了平均在 9% 的高位运行，呈现出持续性高增长的态势，其中有 13 年的时间高达两位数，体现出我国经济建设的巨大成就。② 35 年来我国政府的财政赤字率基本维持在 3.5% 以内，低于欧盟《马斯特里赫特条约》规定的 3% 的上限，说明我国政府财政赤字政策不仅适当，而且还有较大的增加空间。③ 2008 年以来，我国的财政赤率明显上升，这也得到了政府和经济理论研究界的高度重视，李克强总理提出的"去杠杆、稳增长、调结构"，尤其是"有所为、有所不为"的宏观调控思想，旨在一方面促进经济增长，提高财政收入，增强经济体自身的造血能力；另一方面降低和减少财政赤字，保持合理的赤字比例，优化政府支出结构，控制政府债务风险。④在我国经济增长的同时，政府财政赤字率也保持着正的态势，说明赤字财政政策在我国已经得到了证实。

（二）公共债务①与我国经济增长

在理论研究层面，关于政府债务与经济增长关系的模型检验中，刘金林（2013）以中国 1981—2010 年政府债务数据为样本，选择私人投资率、资本价格、政府负债率、私人信贷率构建了时序模型，研究得出政府债务对私人投资存在明显的"挤出效应"，人均实际 GDP 与私人投资显著正相关；陈创练（2010）探讨了政府财政收支对居民消费的挤出效应和挤入效应，研究指出政府消费性支出挤入了居民消费，税负与政府债务融资占用了居民的可支配收入，降低了扩张性财政政策在刺激经济和扩大内需上的乘数效应。

如图 7 所示：① 1979—2012 年，我国政府国内债务余额逐年递增，而且近几

---

① 在我国，政府债务长期指的就是中央层面的国内外债务，此时公债和国债是没有区别的。随着财政政策调控经济的灵活性加强，加之应对国际金融危机冲击的必要，到了 2011 年的 10 月份，财政部公布批准了上海市、浙江省、广东省、深圳市开展地方政府自行发债试点，四省市共发债 229 亿元。

年的增长速度过快,一方面反映出宏观经济形势发生了巨大变化,另一方面体现出政府赤字财政政策的灵活性与操作空间加大。②样本期内的经济增长率(GRGDP)波动较为明显,但基本上保持在8%～10%,快速增长的GDP与逐年增加的政府债务在数据趋势上基本吻合。特别值得注意的是:在GDP增长率出现较大波动时,政府债务的规模却一直呈现增长态势。③我国政府的国内债务率在近几年虽然居高位,但是表现相对稳定。1994—2006年伴随着经济增长速度的加快,政府债务率也持续上升,说明了赤字财政政策的使用效果明显。情况巧合的是,2006—2012年受到经济结构不合理以及外部金融危机的冲击,在经济增长速度放慢的同时,政府的债务率也有下降的趋势。主要的解释有两个:①政府债务数据统计的口径不规范,尤其是隐形债务和地方政府债务的数据不详,在政府国内债务的统计上,存在规模低估的可能性。②数据统计发现:目前我国政府债务率还处于较低的水平,利用政府债务融资促进经济增长的政策空间很大,但是也必须要综合考虑我国财政的还款付息压力,将政府的债务风险控制在合理的范围,维持政府的国家信用形象。

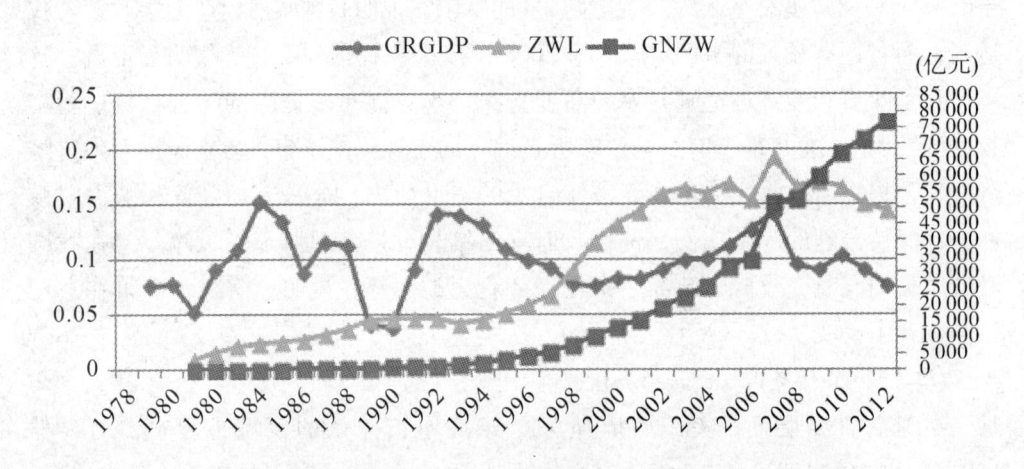

图7 我国政府1979—2012年国内债务率与经济增长率的趋势

注:数据来源:GDP增长率(GRGDP)来源于国家统计局网站,中国经济网汇总整理;内债余额(GNZW)1895—2009年的数据来自于林双林(2010)《中国财政赤字和政府债务分析》第8页;2010—2012年的数据来源于中国统计年鉴(2013);GDP的1978—2012年数据来自于国家统计局数据库。

下面将给出政府债务率、GDP增长率、财政赤字率和Ln(GDP)数据的正态分位图,从统计显著性上分析各指标数据的时间序列趋势和分布特征。具体情况如下:

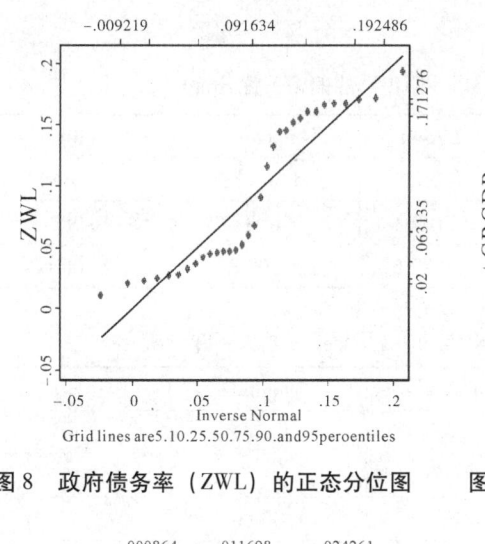

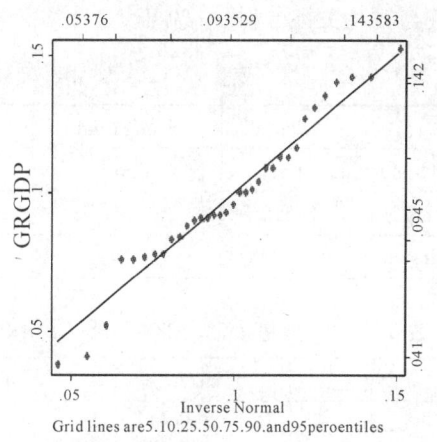

图 8　政府债务率（ZWL）的正态分位图　　图 9　GDP 增长率（GRGDP）的正态分位图

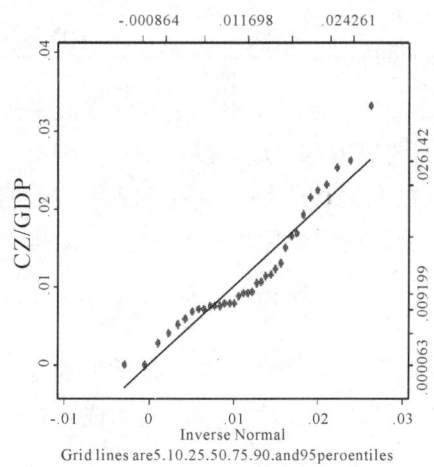

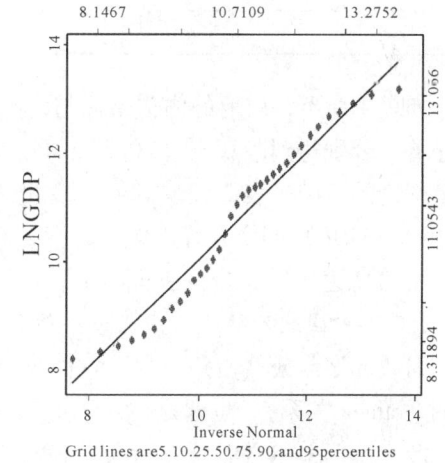

图 10　财政赤字率（CZ/GDP）的正态分位图　　图 11　LN（GDP）的正态分位图

如上图所示：①财政赤字率（CZ/GDP）、LN（GDP）与 GDP 增长率（GRGDP）的正态分位图显示，财政赤字率、LN（GDP）与 GDP 增长率走势基本符合正态分布，图形中间部分基本吻合，两侧均呈现厚尾，对此，可以进一步考察三者之间的相关性问题；②政府债务率（ZWL）的正态分位图显示其数据特征相对复杂，正态特征并不明显，尤其是政府债务率在中间部分与完全正态的拟合线（角平分线）存在着较大的偏差，这充分说明我国政府内债的数据在统计上可能出现了较大的差异。比如随着统计口径与统计标准的日趋完善，后来的数据显然要比过去更接近事实。根据上图所显示的信息，我们将进一步对政府债务率（ZWL）、财政赤字率（CZ/GDP）、LN（GDP）与 GDP 增长率（GRGDP）进行相关性与偏相关性分析①。见表 1。

表 1　变量 ZWL、CZ/GDP 与 LN（GDP）的偏相关性分析

Variable	Partial Corr.	Semipartial Corr.	Partial Corr.^2	Semipartial Corr.^2	Significance Value
czgdp	0.316 5	0.128 8	0.100 1	0.016 6	0.082 8
lngadp	0.879 6	0.714 0	0.773 6	0.509 8	0.000 0

表 2　变量 ZWL、CZ/GDP、GRGDP 与 LN（GDP）的相关系数分析

	cagdp	lngdp	grgdp	zwl
czgdp	1.000 0			
lngdp	0.518 8	1.000 0		
grgdp	−0.250 3	0.005 5	1.000 0	
zwl	0.584 0	0.913 4	−0.005 7	1.000 0

如表 1 所示，政府的内债余额与财政赤字率和 LN（GDP）之间的偏相关性非常显著，分别达到了 0.32 和 0.87，可以认为政府发行内债与经济增长之间有建立计量理论的基础；表 2 反映的四大变量之间的两两相关性，财政赤字率与政府债务、LN（GDP）同样有着正的相关性，而政府的内债余额与 LN（GDP）之间的相关性居然高达 0.91，进一步说明了二者的紧密联系。

（三）中国政府财政赤字与公共债务的关系

财政赤字与公共债务之间并不存在因果关系（但是有可能存在计量统计意义上的 Granger 关系），也即是说：①如果一国政府发生了年度（或周期性）财政赤字，政府部门并不必然要发行公共债务进行融资；②政府的公共债务作为一种政策工具，旨在进行政府宏观调控，其目标集是多元素的，公共债务即使是在经济繁荣期间，政府预算盈余的时期也可能居高不下；③政府通过公共债务进行融资，已经突破了弥补财政赤字这一基本目的，积极、主动的债务管理显然成为当今世界各国政府维持财政可持续性数学条件的工具。

图 12 中的数据趋势所显示的经济政策信息如下：① 1980 年以来，我国中央政府国内外债务的数量呈快速上涨态势，2012 年年末的国内债务（中央层级）余额②为 76 747.91 亿元，占当年名义 GDP（529 238.4 亿元）的比重为 14.5%，相比较于美国、日本和希腊等国，处于相对安全的水平。②我国政府财政赤字规模

---

① 相关性分析主要是为了检验变量之间关系的密切程度，由于回归方程的斜率系数在一定程度上也是反映两个变量之间关系的，斜率系数的平方根就是相关系数。

② 另外一组值得关注的数据是：中国新闻网发布的审计署公布显示，审计结果表明，截至 2012 年年底，全国政府负有偿还责任债务的债务率为 105.66%。若将政府负有担保责任的债务按照 19.13%、可能承担一定救助责任的债务按照 14.64% 的比率折算，总债务率为 113.41%，处于国际货币基金组织确定的债务率控制标准参考值范围之内（90%~150%）。

与国内外债务的累积方向并不完全一致。1978—2002 年，财政赤字与国内债务的增长趋势是一致的，表明政府债务在弥补财政赤字的功能上作用明显，但 2003—2007 年呈现出反向趋势，即政府财政赤字在下降，同时中央政府债务规模一直在快速增加，这一趋势反映出政府债务的累积已经是由"平衡性"向"功能性"财政政策的转变。从经济增长率的变化来看，赤字性财政政策在我国经济发展的过程中，起到了积极的引导和宏观调控的作用。③还有一个值得研究的现象就是：政府财政赤字率的变化速度明显要快于债务增长的速度。

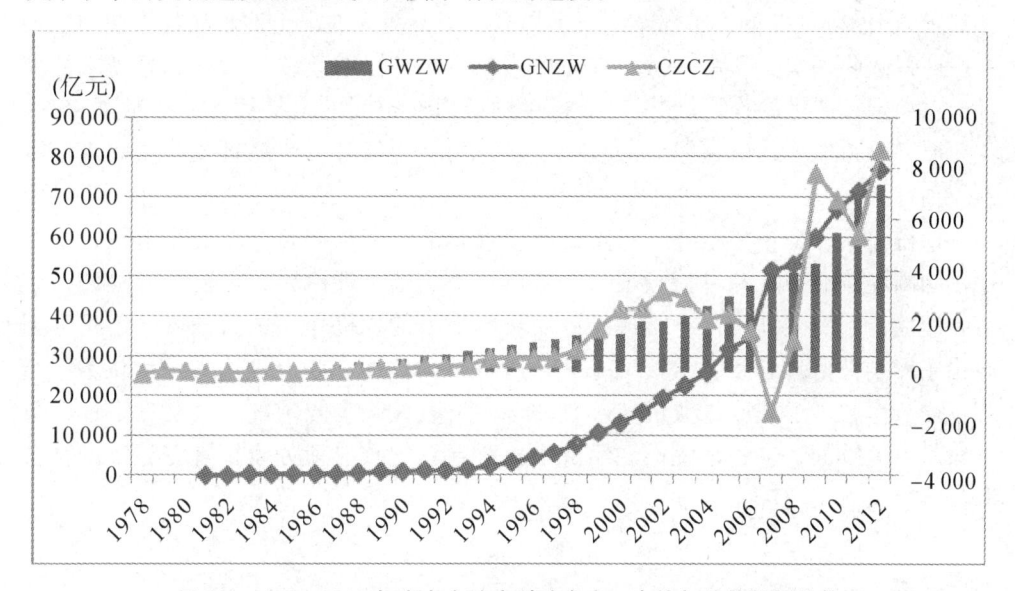

图 12　1978—2012 年度中央政府财政赤字、内债与外债数据趋势

注：数据来源：GDP 增长率（GRGDP）来源于国家统计局网站；外债数据来源于中经网；内债余额（GNZW）1895—2009 年的数据来自于林双林（2010）；2010—2012 年的数据来源于中国统计年鉴（2013）；GDP 的 1978—2012 年数据来自于国家统计局数据库。

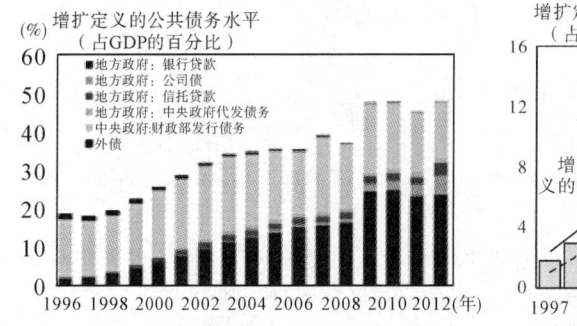

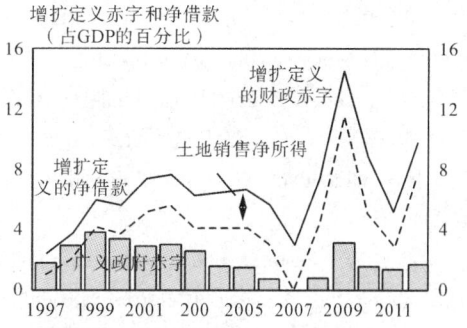

图 13　中国政府增扩定义①的财政赤字与公共债务水平

资料来源：Beltran 等人（2013）根据国际货币基金组织工作人员的计算而得。

---

① 增扩定义的政府借款包含了预算外的基础设施建设所进行的融资，是指政府净贷款/借款+地方政府基础设施的市场融资+政府现金存款的净提取，这一指标反映了产生债务的流量。

根据国际货币基金组织（IMF）组织发布的2013年国别分析报告，将中国政府的财政赤字率和政府债务率分别进行了统计口径上的扩展，形成了"增扩定义的政府赤字和债务率"，主要的思路是将政府预算外的地方性基础设施建设所形成的社会性融资债务纳入统计，从某种程度上说，该指标对中国政府和中国经济发展的指导更具有现实意义。报告显示：①中国政府的增扩财政赤字率在2012年达到了10%，远高于预算内的财政赤字率1.64%，而且具有更强的反周期性。主要原因是：地方政府基础设施支出，没有列入在中国的广义政府数据中；与此同时，2012年相比2009年的增扩赤字率要低得多，一方面反映出土地出让收入在中国地方政府财政收入中的作用，另一方面也体现出赤字性财政政策对社会总需求的拉动，对稳定总产出的作用。② 2012年中国政府在定义的增扩债务率超过了45%，主要原因是将地方政府在银行的贷款、发行的公司债券、信托贷款等债务规模进行了估计。

值得注意的是：在先进经济体货币政策非常规变动导致的负面影响下，维持中国国内经济的稳定和可持续增长是关键。事实上，理论界关于财政风险和财政可持续性计量的文献中，对维持经济增长所带来的积极作用的关注度，还是远超过由于赤字性财政导致的政府债务累计所带来的负面影响。理论界一致认为，当经济增长率超过了政府债务的实际利率时，财政风险是收敛的，表明赤字性财政政策是可持续的，也就是说推动经济增长所导致的政府债务累积具有重要的社会和经济意义。

参考文献：

[1] Barro, Robert J. Are Government Bonds Net Wealth? [J]. Journal of Political Economy, University of Chicago Press, 1974, 82 (6)：1095-1117.

[2] Barro, Robert J. Government Spending in a Simple Model of Endogenous Growth [J]. Journal of Political Economy, 1990, 98 (5)：103-125.

[3] W. G. Bowen R. G. Davis and D. H. Kopf. The Public Debt：A Burden on Future Generations? [J]. American Economic Review, 1960, 50 (4)：701-706.

[4] Peter A. Diamond. National Debt in a Neoclassical Growth Model [J]. American Economic Review, 1965, 55 (5)：1126-1150

[5] Saint-Paul, G. Fiscal Policy In An Endogenous Growth Model. DELTA Working, 1991：91-04,

[6] W. Easterly and S. Rebelo. Fiscal Policy and Economic Growth：An Empirical Investigation [J]. Journal of Monetary Economics, 1993, 32 (3)：417-458.

[7] P. Evans. Consumers Are Not Ricardian：Evidence from Nineteen Countries [J]. Economic Inquiry, 1993, 31 (4)：534-548.

[8] Blanchard, Oliver. Debts, Deficits and Finite Horizons [J]. Journal of Political Economy, 1985, 92：223-247.

[9] Kumar, Manmohan, and Jaejoon, Woo. Public Debt and Growth. IMF Working

Paper, 2010.

[10] 刘金林,杨成元. 基于私人投资视角的政府债务挤出效应研究 [J]. 投资研究, 2013 (12).

[11] 尹恒. 政府债务妨碍长期经济增长: 国际证据 [J]. 统计研究, 2006 (1).

[12] 林双林. 中国财政赤字和政府债务分析 [J]. 经济科学, 2010 (3).

[13] 陈创练. 政府财政收支对居民消费的挤出挤入效应 [J]. 山西财经大学学报, 2010 (6).

[14] 马栓友. 中国公共部门债务和赤字的可持续性分析 [J]. 经济研究, 2001 (8).

地方治理模式：国际经验与中国的改革

王德祥　罗艺

内容提要：本文首先总结了发达市场经济国家地方治理的五种典型模式，这些模式的共性特点是实行地方自治和分权体制。然后分析了这些国家采取地方自治和分权体制的主要原因。最后分析了目前我国地方治理的特点和问题，提出了调整和改革建议，认为我国地方治理改革的基本方向是：建立乡镇自治制度，确立市县的辅助地位，在中央、省、基层三级政府之间合理分权和建立横向财力均等化机制。

关键词：地方治理模式；地方自治；财政分权；基层优先原则

现代地方治理是以地方政府为主体、居民广泛参与，对本地公共问题寻求解决方案，对地方公共服务进行全面、有效提供，以促进地方发展的过程。地方治理模式是指在一定的政府和财政体制下，地方政府与居民进行地方治理的基本做法。近30年来，加强和改善地方治理已成为发达市场经济国家进行财政体制改革、开展地方政府和公共部门改革的重要课题。

近十几年来，随着我国社会经济的发展，地方治理问题和与之相关的地方政府改革、分税制改革也受到社会的重视和广泛关注。本文在总结地方治理的国际经验、分析其共性特点和主要原因的基础上，提出了我国地方治理改革的基本思路和政策建议。

一、地方治理的国际经验与典型模式

地方治理与一国政治体制、政府体系、财政制度、治理理念和社会文化传统相关，很难找到一个标准的或普遍适用的模式。从发达国家的情况来看，目前具有代表性和借鉴意义的地方治理模式大体有五种。

（一）瑞士模式

瑞士是一个联邦制国家，有26个州、2 870多个市镇、700多万居民。瑞士实

作者简介：王德祥，武汉大学经济与管理学院财税系教授、博士生导师；罗艺，广西壮族自治区财政厅。

行三级政府分权体制，其分权治理坚持高层辅助原则，即一项职能尽可能交由低层政府自主完成，若低层政府不能单独完成则由高层辅助或由高层来承担。在瑞士，一般地方公共事务都由基层的市镇政府负责，即实行地方自治。瑞士的分权治理和地方自治可以追溯至1291年施维茨、乌里、尼瓦尔登3个州结成的防御联盟或"邦联"体制。在"邦联"体制下，各州除了在国防安全方面保持统一性之外，在经济、政治、财政、治安、语言、对外关系和法律等各方面都保持独立性。

1848年，瑞士借鉴美国的经验制定联邦宪法、建立了联邦制国家。瑞士联邦宪法在强调保持国家统一的同时，更强调各州在宗教、文化、语言、经济等方面的多样性和联邦、州、地方（市镇）的分权自主性，以及公民参与国家和地方治理的直接民主的重要性。

瑞士联邦宪法规定：①联邦政府享有外交、国防、海关、货币等全国性事务的立法权和管理权；②各州拥有警察、宗教等事务的立法权和管理权，有根据联邦法律行使包括民法和刑法在内的司法行政、农业、社会保障、环境保护和州内军队管理的权力；③联邦和州在税收、教育、工业和贸易领域拥有共同立法权；④地方政府（市镇）享有充分的自治权，拥有一定的立法权和完全自主的管理权，负责地方公共服务，包括道路建设、公共交通、水电气供应、地方规划、学校建设和教师选任、社区福利、警察、医疗、文化、户籍和税收等。各州有权根据宪法对地方进行监督，但不能干预市镇的自治事务。

瑞士公民有充分的民主权利，分权治理和地方自治在很大程度上是通过直接民主实现的。例如，瑞士联邦宪法规定公民有3大权利：①创制权。每一项《宪法》修正案（如对税种和最大税率的规定）都必须提交公民表决，公民可以直接提出修改建议——只要在18个月内获得10万以上公民的支持签名，联邦政府就必须将原提案和建议案一同提交公民投票表决（对其他法律，有5万以上公民签名即可）。②复决权。对于法律、国际条约和政令等，公民可以提出拒绝要求，只要在100天内得到5万以上公民的签名，就应举行全民公决。③请愿权。每个有投票权的公民都有权向政府提出自己的建议和要求，而每个公民的要求都必须得到答复。对于地方公共事务，必须完全按照居民意愿来处理，如地方税率、服务收费、年度预算、投资决策、包括外籍人士在瑞士的定居申请，都必须由全体市镇居民的投票决定。

由于实行比较彻底的分权治理和地方自治制度，瑞士不像其他联邦国家那样看重总统选举，也没有设立繁多的政府部门和机构。瑞士联邦政府仅由选举的7名联邦委员组成，每个联邦委员担任一个部的部长（军事民防与体育部、外交部、财政部、公共经济部、交通能源电信部、司法警察部、内政部），每个联邦委员轮流担任联邦主席（任期一年、不得连任）。瑞士没有位高权重的国家领导人和强势的地方负责人，也没有职业政治家——联邦议会和各州议会的议长、议员都不是专职人员，他们平时从事自己的职业，开会时仅按会期的长短获得津贴。

从瑞士三级政府的支出和收入来看，联邦政府负责全国性事务支出，主要征收间接税；州政府提供有限的地方服务；市镇负责绝大部分地方服务，它们主要依靠直接税（市镇还有服务收费）和横向（水平型）财力均等化资助。市镇的财政支出和收入比重长期占20%左右（地方财政长期保持匹配状态），这种状况在三级制国家中是很少见的。

瑞士的地方治理模式可以说是典型的"地方自治+直接民主+横向均等化支持"模式。

（二）北欧模式

北欧五国都是单一制国家和高福利国家，它们在地方治理方面也很有特色。北欧五国中，除芬兰、冰岛只有中央和地方市镇二级政府以外，其余丹麦、挪威、瑞典三国都实行三级分权体制（中央、区域和市镇政府）。

从历史来看，地方自治也是北欧国家的传统。早在1397年，丹麦、挪威、瑞典就建立了共主邦联——卡尔马联盟（联盟范围包括了现在的北欧五国，并一直持续到1524年）。卡尔马联盟是一个国防和外交统一的邦联，由于三国共拥一个国王，所以三国在内政事务上保持独立，也即实行三个区域的地方自治。

北欧国家地方治理的主要特点是分权体制下的地方自治和高水平的地方服务供应。以丹麦、挪威、瑞典三国为例，中央政府的主要责任是制定国家法规和监督实施、负责全国性事务如警察司法、高等教育、社会保障、国道交通；区域政府（省或郡县）的主要任务是负责国家法律制度在本区域的实施（制定具体措施和安排执行），负责提供交通干道、医疗保健服务；地方政府（市、镇）的主要任务是在不违背国家法律和区域规定的前提下进行自治，向本地居民提供全方位的地方公共服务与社会福利。

北欧国家的地方政府辖区小，市镇的平均人口不足1万人（2000年以来北欧国家的区域政府合并、数量减少、辖区扩大，但未调整地方区划）。实行地方自治、自主提供地方服务客观上受到财力上的制约，所以它们采取以下措施：①以个人所得税为主的地方税安排。个人所得税（与中央共享）在瑞典占地方税收的比重为100%、在挪威和芬兰各占88%、在丹麦占86%、在冰岛占85%，而财产税在挪威、芬兰、丹麦、冰岛的地方税中平均仅为9%；②财力均等化转移支付制度。在五国的地方财政收入中，来自横向的"财政能力均等化"转移支付一直占15%~20%。

北欧国家的地方治理模式可以归纳为"地方自治+所得税和横向均等化支持"的高水平地方服务供应的模式。

（三）德国模式

德国的地方治理可追溯至中世纪的城邦自治、1809年普鲁士的"市镇法"和1919年的"魏玛宪法"。二战后，德国《基本法》明确规定了地方自治的原则和保障实施的措施，将地方自治（市和乡镇自治）作为整个政府制度的一个关键环节。根据德国《基本法》的规定，联邦法律和政策的实施主要由州政府负责，而不是地方。

德国《基本法》规定，联邦政府负责提供全国性和跨州的公共服务；州政府负责区域性公共服务如卫生健康、教育文化、环境保护、治安司法；市镇负责地方性、社区性公共服务，各州法律规定了市镇的基本事权及州委托的某些事务（州承担其费用），其他地方服务由市镇根据居民意愿自主决定。由于州统一提供的一些服务如基础教育、治安等从受益看属于地方服务，所以州政府实际上参与了一些重要的地方公共服务的供应。

在德国，市镇政府是地方治理主体，德国《基本法》赋予它们独立的税收权。德国的县和专区也参与地方治理，其中县作为乡镇的联合组织（乡镇可以自由加入和退出一个县），主要接受各乡镇的委托（也接受州政府的委托）来统一提供单个乡镇不能提供的一些地方服务，但县无税收权，主要靠各乡镇的收入分摊和州的拨款来运作。行政专区是州的执行机构，它的职能有三：一是代表州对地方政府进行监督和规劝；二是协调和组织有关各县联合供应某些跨县的公共服务；三是负责区域性规划、提供某些区域性的公共服务（如环保和供水网）。专区也无税收权，它主要靠州拨款和各县分摊以及服务收费。县和专区本质上是一种辅助性、弥补性的地方政府。

德国的地方自治和地方治理在财力上具有宪法保证和灵活调整的特性。根据德国《基本法》的规定，德国的地方税收包括：市镇专有税、与联邦和州的共享税，以及横向财力均等化转移支付和联邦与州的专项资助。市镇可以自主调整一些专有税的税率，共享税比例由政府间协商决定、定期调整（根据各级财政的收支平衡情况），财力均等化转移支付根据各市镇的财政能力来决定。因为有这些措施，德国地方财政长期保持了对称和稳定运行状态。

因此，德国的地方治理模式可概括为"地方自治+州县协助+财政合作支持"模式。

（四）美国模式

美国地方治理的基础是实行彻底的三级分权和地方自治制度。根据美国联邦宪法，联邦与州在不同的领域制定和执行自己的法规与政策，各级政府相对独立、互不干预，任何政府都无权支配其他政府。美国社会对联邦制的理解是：互不隶属的多个政治实体通过契约来划分责任和权利、分工合作，从不同层面对同一地区的居民事务进行治理（各级政府的治理权力仅限于一些领域和方面）。联邦、州和地方政府（县、市、乡镇）之间划分权限、自主治理是联邦制的本质要求。从19世纪后期开始，美国各州先后实行地方自治，各州宪法严格限制州对地方干预。

美国联邦宪法和其他专门法律规定了联邦与州的事务及权力范围，各州宪法和地方自治宪章确定了州与地方的事权范围。一般来看，联邦政府主要负责全国统一性事务，如国防、外交、科学技术、农业与区域发展、养老保障、老年医疗、儿童福利等；各州主要负责本州的教育、高速公路、失业保障和福利救济、医疗健康等；地方政府负责本地居民所需要的一切公共服务。从三级政府的事权划分来看，联邦和州实际上都涉及一些地方公共事务。不过，联邦和州的涉及都有界定、都只限于一些方面和一些环节，目的是帮助和加强地方的公共服务供应。

为了不干扰地方自治，联邦政府和州政府都建有自己的机构来提供相关的地方服务（州政府还可以委托县政府来提供）。例如，联邦政府的地区发展机构如阿巴拉契委员会（ARC）和德拉里发展委员会（DDC）等，联邦农业部的农村公共事业服务机构、农村住房服务机构、农村商业合作服务机构等，它们都是分布在各地方的执行某些联邦项目、帮助地方提供一些公共服务的联邦机构。另外，联邦和州还通过分块财政转移支付对一些地方公共服务供应进行资助。

为了保证地方自治和地方服务自主提供，美国各州允许各地居民按意愿来建立、或撤并地方政府；美国三级政府之间实行完全的分税制，赋予地方政府自主开征地方税和调整地方税率的权力，三级政府各有自己的税收（而不是通过税收共享和财力均等化机制来保证地方财力）。

正因如此，美国的地方治理模式可认为是一种"地方自治+对称分权+联邦与州协助"的模式。

（五）英国模式

英国地方治理模式可称为强中央、弱地方模式。虽然英国也有地方自治的传统（从19世纪后期开始，英国就建立了一些自治郡和市镇），但地方的自治权很小，地方政府提供的服务很有限。

英国地方政府（郡、区和市镇、社区）主要提供4类地方性公共服务：①需要性服务如教育、住房；②保护性服务如治安、防火；③生活设施服务如道路、环境卫生、公园；④文化娱乐设施服务如图书馆、娱乐中心。由于地方税种少，地方财政收入主要靠财产税（又称市政税）——该税仅占英国税收的4%，所以地方政府长期依赖中央的转移支付，地方财政支出比重不足30%（1990—2011年，英国中央财政收入一直占91%左右，财政支出一直占73%左右）。

英国的地方公共服务主要由中央政府提供。英国政府的9个部在各地区都设有行政办公室和直属的服务供应机构，中央各部门还通过自己控制的地方政府联合会、就业指导中心等准政府组织和中介团体来提供一些服务。不仅如此，如果发现地方政府对一些服务提供不力，中央政府将直接进行干预（如接管地方事务、关闭运作不良的学校等）。对此，英国学术界认为英国的地方自治是"部分自治"或"半自治"。

面对来自各方面的批评和质疑，英国从20世纪80年代起进行公共部门改革和地方政府改革（包括压缩地方层级、在都市区建立单层政府等）。1997年起又在苏格兰、威尔士、北爱尔兰地区实行权力下放改革——将卫生、教育、环境、农业、交通、文化艺术等事务的立法权下放给地区，成立地区议会和政府，负责地区立法和地区政策，以及监督和协调地方政府，尝试向准联邦制体制过渡。从目前情况来看，这一改革并不令人满意。2014年9月苏格兰举行"地区独立"公投就是一个典型例证。

由此可见，英国的地方治理模式是典型的强中央、弱地方模式，也就是传统的"中央管理为主+地方自治为辅"的模式。当然,这种地方治理模式的问题也比较突出。

二、各国为何普遍实行分权体制和地方自治?

上述五种地方治理模式虽然存在一定差异,但它们有一个共同特征,即采取政府及财政分权的体制、实行地方自治。为何如此呢?

(一)现代地方治理要求地方政府与居民密切联系、根据本地实际和居民意愿提供地方服务,这在客观上要求实行中央与地方的分权治理体制

现代地方治理具有地方性、服务性和民主性的特点。若实行集权体制或层级支配体制,地方政府就只能依赖上级政府、按照上级政府的指令行事,也就不可能有真正联系居民群众、根据居民意愿提供服务的地方治理。

从理论来看,美国学者蒂布特(Tiebout,1956)最早提出分权模型——"用脚投票模型",论证了中央与地方分权对于地方公共服务供应和地方发展的重要意义。蒂布特指出,地方政府与中央政府在提供公共服务上所处的环境条件和面对的问题是不同的。例如,一个地方的居民当他们不满意本地政府提供的服务时可以选择离开("用脚投票"),故地方政府要充分考虑居民的偏好和本地的财政能力;而中央政府面对的问题和约束要小得多。因此,必须使地方政府具有充分的自主性和灵活性,使它们可以根据本地情况、根据居民意愿来提供地方服务和取得相应的收入。这样,即使有些居民仍会"用脚投票",也只会促使地方政府进一步改善本地公共服务供应,更好地满足居民公众的需要,从而形成居民安居乐业、社会稳定发展的局面。

马斯格雷夫(Musgrave,1959)随后进一步提出"分层蛋糕模型",阐述了分权对于各级政府履行资源配置、公平分配、经济稳定职能和有效提供全国性、区域性、地方性公共服务的必要性。他指出,由于各级政府所处的地位不同、可以运用的政策和技术手段不同、各类公共服务的受益范围不同,任何一级政府都无法单独履行所有职能、提供社会满意的各种公共服务。政府和财政分权就是根据各级政府的地位、条件和各类公共服务的性质特点,赋予它们相应的职能、提供相应的服务责任和收入权限,使它们相对独立、分工负责、良好地履行职能和提供公共服务。由此,他还提出了中央(联邦)、省(州)、地方(县市乡镇)三级政府的职能分派及税收划分模式。

之后,布坎南(Buchanan,1965)、奥尔森(Olson,1969)、奥茨(Oates,1972)等人围绕合理分权和保证地方公共服务有效供应问题进行了深入分析,提出了各种分权原则。

从实践来看,科学、合理的分权安排是现代地方治理的基础和前提。分权安排为地方治理提供了重要支持。一是界定了地方政府的职能范围,为地方治理确定了内容和任务方向。以德国为例,德国宪法(《基本法》)规定了联邦和州的事权(包括立法与实施),确立了乡镇的自治地位;各州宪法或地方政府组织法规定

了乡镇的基本事权（居民生活环境、土地使用规划），规定了自主性事权的领域（自主事权的具体内容由乡镇大会决定），还规定了州委托的事项（统计登记、证照发放和组织选举等）。二是规定了地方政府的税收权和资助来源及其规则，为地方治理提供了财力保障。仍以德国为例，德国《基本法》明确规定了联邦和州的税收权、共享税比例的调整原则与方法，同时也规定了乡镇的税收、税率调整权、乡镇参与共享税的分配原则，以及乡镇参与财力均衡调节机制的问题，这些安排从自主、协商和互助合作的角度来保证地方的事权支出和收支对称、保证地方的财政自治。

（二）现代地方治理的地方自主性、民主性、服务性特点客观上要求地方自治，地方自治既与地方治理的性质高度相容又与分权体制高度相合

地方自治具有地方自主性、服务性和民主性的特点，实行地方自治就是将地方治理的内容、组织和运作方式具体化、制度化，也就是将分权治理真正落实到基层。地方治理依托地方自治制度具有必然性。

从历史来看，地方自治是作为一种争取自由的工具出现的。在欧洲，早期的国家都是城邦国家，当其中一些国家（如罗马帝国）经过数百年的扩张、将许多城邦小国变成自己的殖民地时，这些小国就采取各种方式（包括激烈的反抗和温和的条件交换等）来争取自由，于是就有了大大小小的自治城市和自治公社（当然，它们并非现代意义上的自治）。在北美，独立前的美国北部13州也是自治性质的英国殖民地。美国进行独立战争和建立联邦制国家、实行地方自治，都是为了保证各州与地方的自由和人民的权利。

现代地方自治的核心是地方民主和自治。根据1985年《欧洲地方自治宪章》的定义，现代地方自治有两个关键点：一是地方政府有充分的自主管理本区域内公共事务的权利和能力；二是这种权利的行使要以本地公民的直接参与和民主选举产生的地方议会为基础。地方自治的理论主要有人民主权说、保护说、保障说、制衡说。其中人民主权说认为：人的权利具有天赋特性，各地人民在他们的生活中客观上形成了某些稳定的社会联系和多元化的群体，人们的利益和愿望也因此得到实现和满足。实行地方自治，也就是承认现实的社会关系、保障人民的权益。制衡说则认为，地方自治和地方自主有利于形成地方权力格局，可以对中央政府和其他政府的集权化形成制衡和制约，巩固民主制度。

从各国的实践看，地方自治还具有保护地方文化和发展地方特色、构建社区认同、促进地方服务供应竞争和创新、进行公民权利教育和地方治理训练、促进分权体制改革等功能，这些本身就是地方治理的要求或重要内容。

1. 地方自治的保护和发展功能

在地方自治制度下，地方政府的形成和地方事务的处理要以直接民主为基础，可以避免地方政府的外来化、唯上化、官僚化、无责任化等问题，可以促使地方政府立足于本地实际、充分考虑公众意见、代表全体居民的利益行事，可以调动各方面的积极性来共同建设和发展，包括加强地方服务、保护地方资源环境和历

史文化、发挥地方优势和发展地方特色等。

2. 地方自治的社区认同功能

随着市场化发展和社会的流动性加强，无论是在农村还是城市，社区中相互不熟悉的居民日益增多，传统的熟人社会正在解体，地方的不稳定性增加。而且，地方公共服务的水平越低，地方的流动性和不稳定性越大。实行地方自治，实行民主决策和共同建设、改善公共服务，则可以发挥每个居民的智慧与特长、促进居民间的了解、激发居民的热情，形成社区精神和地方凝集力，使地方保持稳定、走向繁荣。

3. 地方自治的竞争和创新功能

实行地方自治客观上会推动地方的公共服务供应竞争和治理创新。这是因为在地方自治制度下，各地方的公共服务供应和公共事务的处理过程完全是本地化的、自主性的，各地政府和居民总是根据本地实际和环境来进行治理的，总是力图以最小的成本来取得最大的治理成效和发展收益（包括吸引外部资源），这必然会引起地方间的服务供应竞争和进一步的治理创新，进而使各地方的治理水平普遍提高。

4. 地方自治的教育和培训功能

实行地方自治的过程也是引导广大居民参与地方治理、行使公民权利和维护地方公共利益的过程。通过直接选举、民主决策和参与公共服务的供应及生产，所有地方居民都将认识到公民权利和责任、都将熟悉法律法规、都将逐步确立民主观念和服务意识、都将明确政府与公民的关系和进行社会治理的方法。这对地方治理来说是重要的积极因素，对地区和国家治理来说则是后备人才的重要的培训学校。

5. 地方自治的分权促进功能

地方自治的关键是地方自主权和自治能力，因为能否真正做到自治取决于分权安排给予的权力范围和可用财力的多寡。很明显，在不实行地方自治的情况下，地方政府是不会真正在意责权安排是否对称、收支划分是否合理的。但是，实行地方自治实则不同，出于本地发展和居民利益（也包括地方政府自身利益）的考虑，地方政府必然会要求完善分权安排，要求充分的自主权和收入权，要求对称分权和首先保证地方财政自治。

当然，实行地方自治并不排斥上级政府帮助提供一些地方服务、或给予财力资助，只要这些提供和资助不干扰地方的治理行动。从实践来看，上级政府通过自己的机构来直接提供一些地方服务、或通过横向财力均等化机制提供互助性的资助比较好，它们对地方自治的副作用要小。

三、中国的地方治理模式及其改革

秦汉以后，中国历朝历代一直奉行中央集权体制，地方治理采取中央支配下的郡、县制即典型的层级模式。郡、县名义上是区域政府和地方政府，实际是中央政府在区域和地方的执行机构。在县以下乡村地区，乡等名义上是基层自治组织，实际上是"半政府"组织，它们主要是根据县政府的指示对农民进行控制和管理，包括征收赋税、督促徭役、维护治安秩序等。

由于封建政府地方治理的目的是"安民固税"，这种"郡县层级+乡里自治"模式看起来是可行的。但它造成的后果也是极其严重的：层级控制和支配导致了严重的官僚主义、人身依附的惯例，也导致了地方和基层的事务累积和官吏的肆意妄为以及从上至下的层层盘剥和贪污腐败，集权制的所有弊端都因此得到了充分展现。中国封建社会日益衰败和最终崩溃已经证明了这一点。

新中国成立后，地方治理的内容和模式都发生了改变。一是地方政府下移到基层乡镇，建立了乡镇政府（后改为人民公社）；二是乡镇政府组织广大农民走集体化道路，发展农业生产，依靠农村集体组织（生产大队）提供教育、医疗、养老、水利道路等公共服务，改善了农村生活条件；三是建立了"乡镇监督+生产队自治"模式，除了农业生产受上级计划支配、生产大队领导候选人有些是由上级指定以外，农村集体生产和公共事务基本上由各生产大队自己负责。

1978年改革开放后，农村实行联产承包责任制，乡镇和村组（原生产大队和小队）失去了组织集体生产的功能，"乡镇监督+生产队自治"的地方治理模式瘫痪。从1984年起，民政部开始在农村各行政村实施"村民自治"制度，但因行政村不是一级政府、不具有地方政府的地位和职能，加上集体经济衰弱，所以，村民自治只是一种群众自治，也缺乏地方自治的功能——大多数地方的村组织很少提供公共服务。

在地方政府层面，由于乡镇、县市和省之间依然采取层层委托代理和等级控制的模式，并一直实行不对称的财政分权，因此，改革开放后作为地方基层政府的乡镇长期处在接受上级指示和资助的状态，基本上无力自主提供地方公共服务。县市的自主性和财力状况要好于乡镇，但它们无力向居民社区提供各种公共服务；更重要的是，有限的财力只有集中使用才能见成效，县市领导不能不考虑政绩表现和上级的偏好。

近十几年来，注意到地方公共服务供应中存在的一些突出问题，中央政府加强了对地方公共服务供应的支持，通过设立一些地方公共服务提供项目——如农村供水、道路、清洁能源、危房改造等来直接参与地方服务提供。但是，由于中央（省）有关部门并没有在地方建立自己的服务执行机构，这些服务只能通过层层委托方式交由县市和乡镇来实施，结果是只能产生示范效应，与之相伴的是许多地方的等待和依赖。

所有这些表明，目前我国的村民自治不适宜作为地方治理的基础，等级式和委托型的地方政府体系难以承担地方治理的重任，中央的支持和参与不能作为地方治理的主要方式。也就是说，目前我国的地方治理是一种过渡性的"村级群众自治+中央政府支持+地方政府配合"的模式，这一模式与现代地方治理的地方自主性、地方政府主导、居民广泛参与的基本要求还有较大差距。为了切实加强地方治理，我们应借鉴国际经验，对现行模式进行改革，建立科学、有效的地方治理模式。

（1）实行乡镇自治，确立基层政府在地方治理中的主体地位。

理论和实践都证明，地方基层政府应在地方治理中处于主体和优先地位，其他政府和社会组织只能起辅助作用。所以，我国应在村级自治的基础上发展乡镇自治，通过村组提名等方式来建立乡镇政府，明确乡镇的自治地位和地方治理主体的地位，使乡镇政府真正面向本地居民提供服务、对地方发展负责，由被支配型政府转变为服务型政府。乡镇自治坚持重大事项实行直接民主制，故可以不设人大、政协机构。乡镇党委主要对乡镇政府执行法律法规、乡镇自治章程、民主决策情况进行监督，对乡镇各机构的党组织和个人遵守党纪的情况进行监督和管理。

有人认为，乡镇人口少、面积小、经济实力弱、难以保证乡镇范围内的公共服务供应。这是一种误解。目前全国每个乡镇的平均人口已达2.8万，比许多发达国家的地方辖区的人口多，而且目前乡镇的人均收入也远远超过许多发达国家最初实行地方自治时的水平。另外，根据我们对中部地区一个山区县级市的调查，该市全部乡镇上缴的税收近年来一直多于上级财政对全部乡镇的转移支付，这说明目前乡镇财政困难不是因为乡镇的收入低、而在于税收制度和转移支付制度不完善。也有人认为，在乡镇实行直接民主的花费多，乡镇也缺乏人才，从乡镇内部产生的政府人员会不会无所约束。这种担心更无必要。因为让居民行使民主权利、参与社会管理是国家必须要付出的成本，而建立居民信任的基层政府、保证地方长期稳定发展具有更重大的意义。同时，地方治理过程本身是一个学习过程，人才也只能来自于学习和实践，况且乡镇自治也不等于不受居民和上级监督、不受法律法规的约束。相反，打破乡镇干部和农村居民的界限、打破乡镇干部由上级委派的传统，本身体现了公平正义和民主平等，将极大地调动地方居民参与地方治理的积极性，等于为地方的社会经济发展注入了强大活力。

（2）确立县（市）的辅助地位，将地级市作为市、县合一的综合体。

乡镇自治意味着乡镇与县（县级市）不再是隶属关系而是平等关系。县应在保持目前"省直管"和"乡财县管"的基础上，向地方治理的辅助型政府转变，即：接受省的委托和管理，负责提供具有一定规模范围和涉及几个乡镇的地方公共服务，如治安司法、文化教育、干道交通、综合医院、社会保障、水库渠道等。县还应兼有协调和监督的职能，一是根据乡镇的要求对乡镇之间的关系进行协调、推动两个以上乡镇开展必要的服务供应合作；二是对乡镇执行国家法律、省级法规的情况和提供本乡镇公共服务（实行自治）的情况进行定期审计和检查，根据社会反映的情况进行质询和劝告，并将检查结果上报省政府、通知各个乡镇。

实行乡镇自治后，辖区内既有乡镇又有市区的地级市，可以从现有部门和机构中分离出一部分单独成立市政委员会——负责城市即市区的公共事务和公共服务（城市治理）；其余的部门和机构主要执行协调和监督职能（与县的职能相同），对各乡镇和市政委员会的治理活动进行协调和监督。这样，地级市成为接受省委托和管理、兼有市和县两种职能的综合体。当城市自治后（市政委员会成为自治政府后），地级市的职能就完全与县相同。而当乡镇、大中城市全部自治后，层级支配模式也就终结，地方治理将形成"地方自治+市县辅助"模式。

（3）完善分权安排，建立3级对称分权制和横向财力均等化支持机制。

我国目前的分权安排的主要依据是中央政府规定和省以下地方政府的规定，缺乏法定效力和稳定性，而且既不明确也不统一。故应修改《宪法》和《地方各级人民政府组织法》，通过法律条款明确规定。根据国际经验，中央政府应负责全国性和跨省区的公共服务与公共事务；省级政府（市县政府）应负责区域性和跨乡镇城市的公共服务与公共事务；乡镇、城市自治政府主要负责与居民生活、就业密切相关的社区性公共服务和公共事务，包括水电气供应、道路交通、环境保护和清洁卫生、基本医疗保健、老幼福利和低保救济、社区建设和住房改造、文化体育休闲、治安巡逻与市场秩序、幼儿园和学校维护与管理、就业与培训、农业与产业服务、民政管理以及居民要求的其他公共服务。除了中央和省颁布的法律法规，任何政府都不得另外向基层自治政府下达文件指示和下派任务。如果基层自治政府违反法律法规和自治章程、或不负责任，则由省政府下达处理决定，如进行人员调整和提前进行选举、重组。

为了保证乡镇自治，应对财政分权安排进行调整。基本原则是使中央、省、乡镇的公共服务支出与财政收入大体相称。假定本地支出由本地收入来负担，即地方公共服务支出需要依赖本地的收入水平（或税收负担能力），那么税收划分的合理方法是：根据基层优先原则和历史数据，首先按中等收入省份的中等收入乡镇能达到全国乡镇人均税收的平均标准来确定中央及省与乡镇的税种划分和共享税比例（税种划分要考虑各税种的性质）；然后再按中等收入的省份能达到各省人均税收的平均标准来划分中央与省的税种和共享税的比例。对市、县的税收划分可以采取两种方法：一是将市与乡镇同等对待来分税；二是县不参加税收划分，由各省自行决定，如根据省内各县提供服务的平均支出情况，从省级税收中划出一定比例给予县（如果城市实行自治，市就和县一样）。另外，由于高收入乡镇可能获得超过平均水平的税收，而低收入乡镇只能获得低于平均水平的税收，为了保证低收入乡镇的服务供应支出接近平均水平，应考虑首先建立县级财政主持、县内各乡镇参与的基层财力均衡基金调节机制（强镇向基金注入资金、弱镇从基金取得资助），省级以上财政对贫困县的转移支付也应进入这一机制。同样，要考虑改革目前中央财政对各省财政的转移支付机制，建立中央财政注资并主持的、所有省级财政参加的省级财力均衡基金调节机制。中央财政和中央各部委对基层的专项服务资助应通过自己在地方的执行机构直接进入乡镇和城市（少数专项补助，如农业补贴等可以委托市县）。

总之，我国地方治理模式改革的基本思路是，改变目前的"村级自治+中央支持+地方配合"的模式，构建"乡镇和城市自治+市县辅助+横向均衡机制及中央直接支持"的新模式,将地方治理重点放在乡镇基层和基层的公共服务提供上。

参考文献:

[1] Government of Switzerland. The Swiss confederation-a brief guide, Bundeskanzlei, 2003.

[2] Shah, Anwar. Local governance in industrial countres, World Bank, 2006.

[3] Shah, Anwar and Shah, Sana. The new vision of local governance and the evolving roles of local governments, 2007.

[4] 赫尔穆特·沃尔曼. 德国地方政府[M]. 陈伟,等,译. 北京: 北京大学出版社, 2005.

[5] 文森特·奥斯特罗姆,埃莉诺·奥斯特罗姆. 美国地方政府[M]. 井敏,陈幽泓,译. 北京: 北京大学出版社, 2004.

[6] 罗纳德·奥克森. 治理地方公共经济[M]. 万鹏飞,译. 北京: 北京大学出版社, 2005.

[7] Grant, Daniel R. State and local government in America, Allyn and Bacon, Inc, 1987.

[8] 戴维·威尔逊,克里斯·盖姆. 英国地方政府[M]. 张勇,等,译. 北京: 北京大学出版社, 2009.

[9] Dollery, Brian and Joe Wallis. The political economy of local government, E dwart Elgar, 2001.

[10] Bailey, Stephen. local government economics: theory, policy, andpractice, Macmillan, 1999.

中国地方服务提供与规制责任的经验总结
——以城市自来水供给为例

周小林

内容提要：地方政府在自来水公共生产时，能通过公共责任和足够的财政投入来保证自来水供应的数量与质量，但对国有企业的生产成本缺乏有效的约束与控制责任，效率低下，亏损严重，造成财政的沉重负担。但在公私合作的私人生产下，虽然减轻了财政负担，但不能保证自来水的质量，对公众的利益造成损害。其主要原因是政府规制责任的缺失和规制能力与经验的不足。

关键词：地方政府；公共服务；公共生产；公私合作；规制责任

自来水供应是地方政府最重要的服务责任之一。目标是为居民提供清洁、干净的饮用水。自来水的生产与供应具有典型的自然垄断性，同时其产品的可分割性（排他性）又使其能够按消费量来收取费用。因此，自来水供应的生产方式可以在纯粹的公共企业生产和公私合作下的私人企业生产两种方式中进行选择。在这两种方式下，政府管理与规制的责任和重点是有所不同的。从现实来看，我国地方政府在规制实践中存在着很多的问题，尤其是对公私合作私人生产方式的规制。

一、自来水供给的公共生产方式

（一）以四川省成都市自来水公司为例

成都市自来水有限责任公司始建于1945年，是一家国有大型二类供水企业。但截至2010年4月16日成都市自来水公司亏损严重。其财务状况如下：

1. 自来水的成本

1吨自来水成本（3.31元）=生产成本（0.98元）+输配成本（0.33元）+管理费（0.27元）+税收、附加费（0.02元）+附加税、增值税（0.24元）+污水处理费（1.47元）

2. 自来水的价格

2013年12月20日，自来水终端价格在原有价格基础上统一上调0.09元/立方

作者简介：周小林，西南财经大学财政税务学院教授、博士生导师。

米。其中，居民生活用水终端价格调整为 2.94 元/立方米；非居民生活用水终端价格调整为 4.39 元/立方米；特种行业用水方面，洗浴行业用水终端价格调整为 15.09 元/立方米；洗车行业用水终端价格调整为 10.09 元/立方米；其他特种行业用水，如娱乐业、休闲会所等，终端价格调整为 7.49 元/立方米。

3. 生产自来水的质量：合乎规定

受成都市水务局委托，国家城市供水水质监测网成都监测站于 2011 年 9 月 1~15 日对成都市自来水有限责任公司城区管网水水质进行监测。共采集 138 个水样，按照国家标准 GB5749-2006《生活饮用水卫生标准》进行了水质检测。根据检测的结果，成都市自来水公司生产的自来水质量是合乎规定的。

4. 经营情况公布：亏损严重

在公布成本的同时，成都市自来水有限责任公司还同时公布了该公司近几年来的运行情况。公布的数据称：2006 年，全市供、排水运营共亏损了 1.817 3 亿元，政府补贴 1.708 8 亿元；2007 年，全市供、排水运营亏损达 2.160 1 亿元，政府补贴 6 732 万元；2008 年，全市供、排水运营亏损 3.032 3 亿元，政府补贴 2.213 8 亿元；2009 年，全市供、排水运营预计将亏损 3.783 2 亿元。

由以上资料我们可以得出以下几个结论：①成都市自来水有限责任公司提供了符合质量标准的充足的自来水，从履行生产公共用水义务的角度讲，它很好地完成了任务。②自来水的成本为 3.31 元的情况下，价格却浮动在 2.85~15 元之间，只有居民生活用水的价格低于成本（为 2.85 元/吨），其他 4 类用水的价格都高于成本，并且这 4 类用水总量是超过居民生活用水的，本应该产生利润的。但在这样一个国有企业的经营下产生了巨大的亏损，并且有逐年加剧的趋势。③财政负担重。我们看到从 2006 年到 2008 年，政府每年都补贴上亿元的资金，并且有逐年加大的趋势，虽然对于亏损政府并不是亏多少就给多少，但从根本上讲，这些亏损最终还是由靠政府补贴弥补，使财政的负担加大。

（二）我国目前地方服务公共生产管理上的主要问题

1. 预算软约束化

在公共生产的方式下，公共产品的生产成本都是由政府预算拨款的公共支出来支付的。因此，很多情况下，公共生产机构通过对公共物品生产成本信息的垄断，使他们能够让政府相信他们所确定的产出水平和各种投入是合理的。政府财政部门很难清晰地掌握并控制这些机构的行为，使他们能够不断争取扩大自身预算，并利用低效率的生产技术来增加生产既定产出所必需的投入（如增加预算、增加福利、减少工作负荷等），导致预算缺乏约束性力，公共产品投入不断增加。

2. 部门的过度扩张和冗员为患

在既定的生产量下，越多的机构、设备和人员，意味着人均承担更小的压力，并且公共生产部门扩张的成本最终是由整个社会来承担的，这使得公共生产机构有很大的动机去扩张机构和增加人员。在政府集监督者和执行者于一身的情况下，各政府机构本身就是受益者，因而这种扩张更容易发生。

3. 缺乏提高生产效率的积极性

在公共生产方式下，具有自然垄断性质的地方公共物品（如邮电电信、供电供水等）一般是由国有企业来生产的。这些国有企业具有非盈利的性质，不以盈利为目的，而必须以实现社会消费者福利最大化为目的，其宗旨是替政府履行公共生产职能。所以，这些企业在生产经营上往往表现为不计成本，这样生产出来的产品质量有保证、数量充足，在价格上也能满足社会消费者的期望，从而使政府在拿公共物品服务消费者的这个环节上会取得良好效果。但是，正是由于公共生产的不计成本性，使这些企业失去了节约成本的动力，也使他们丧失了在提高效率上的激励：既然已经可以不计成本，既然主要目的是保证质量和数量，而因此可以容忍生产的低效、浪费，那为什么还要去提高效率呢？在这种情况下，低效成为一种必然。

4. 加大财政负担

公共部门机构扩张、不断增员必然直接增加财政支出的投入，而预算约束软化和生产的低效，也会需要更多的财政支出来弥补亏损，这无疑都会加大财政的负担。

综上，自来水的纯公共生产是不以盈利为目标的公共生产方式，在公共责任的约束下是能保证自来水提供的数量与质量的，但主要缺陷则是以不断增加成本为代价的生产效率低下。而在财政不能保证其过高的成本供给和公共责任不能形成约束时，其供给数量和质量也会大打折扣。因此，在保持公共生产方式的前提下，提高公共生产效率的主要途径有二：一是在制度上构建一个权责对称的完全透明的公共支出全过程约束机制；二是在技术上建立可实施的绩效管理方法。中国的问题是：如何在政治上具有形成制度透明化的动力，以及在技术上拥有实施绩效管理的能力。

二、自来水供给公私合作下的私人生产方式

（一）以四川省成都市温江区金强自来水公司为例

四川省成都市温江区的自来水供给，目前主要由区自来水公司（国有企业）和金强自来水公司（民营企业）分区域承担。区自来水公司负责柳城镇（老城区）的生产生活用水，金强自来水公司负责光华片区、科技园、大学城、天府、永宁、万春等镇街及北部片区的生产生活用水。水价由成都市统一定价。由于该企业是私人企业，自来水的真实生产成本很难确定，财政也无需对亏损进行补贴。

由于金强自来水公司是抽取的地下水，并且其使用的自来水净化设备落后，使它提供的自来水含有各种矿物质等。在金强自来水公司负责的区域里，住有当地的居民，四所大学里的近10万师生，以及搬迁或暂时移居温江的居民。金强自来水公司生产供应的自来水质量很低，水中含多种有害矿物质、水质硬、水中污垢多。售后服务质量差，供水故障不能及时解决。金强自来水公司提高自来水质量的方法有：

（1）抽取附近的河流水（地表水）作为其水源，由于河流水是从深山老林中流下来，其洁净度要比地下水高；而且其矿物质的含量要比地下水少，更适合人饮用。但由于要支付相应的抽水费，金强自来水公司拒绝这种做法。

（2）以地下水为水源，金强自来水公司可以购买先进的净化水系统来降低水的矿物质含量。但由于这些设备价格很高，对金强自来水公司是一笔很大的支出，所以也被拒绝采用。

用水居民多次向相关部门反映，但问题长期不能得到解决。这一案例反映了我国在地方公共服务上开展公私合作引入私人生产后面临的典型问题。

（二）我国地方服务引入私人生产后管理上的主要问题

1. 价格不合理和供给不足

私人机构在政府的授权下，以和政府签订合约的形式承包某种公共产品的生产，从实质上相对于其他企业是一种短期的垄断，这种垄断生产必然也会产生垄断条件下的效率特征，即实施垄断定价机制导致公共产品的价格过高和供给不足会同时并存。因此，政府必须进行价格管制。

2. 私人对公共产品的垄断生产可能会带来掠夺风险

当政府对某种公共物品私人生产的承包期限实行限制时，这些占据垄断地位的私营部门就可能会利用他们的生产权利对公共资源和设施进行掠夺性使用。最终对公共产品提供的稳定性和连续性造成破坏。如对温江地下水的无限抽取。

3. 为降低成本而产生的产品质量问题

对于私人部门生产公共物品，政府可以通过价格管制的方法来限制其价格区间，削弱私人部门利用自己垄断提供者的地位来左右产品价格。但在价格既定的模式下，企业也会通过降低成本来提高其利润，在这种强烈地降低成本的激励下，如何保障所生产产品的质量？很多的现实情况告诉我们，私人企业在获得了公共物品生产权利后，往往会通过降低公共产品质量的方式来降低成本。

4. 信息不对称引起的不完备契约[①]和生产者品质问题[②]

私人企业生产公共产品，是以和政府部门签订的合约来履行自己的义务的，政府对私人企业的监督、管理也是以合同为依据的。为了使承包的企业能很好地履行自己的职责，生产出质量合格、数量充足的公共物品，政府会尽可能多、尽可能完整地制定合约，来约定企业需要执行的任务，防范由于道德风险以及信息不对称所引起的问题。事实上，政府很难制定出一份包罗一切可能发生的问题的合约。因为问题总是在以后才会发生，提前去预测可能出现的问题是有困难的，更何况对一些偶然事件更是预料不到的，所以这就导致在这些问题发生时没有相应的条款来规范、制约企业的行为。这时，以个人利益最大化为目标的私人企业必然会选择对自己有利的行为，社会利益的损失就不可避免。

---

① 哈维·S.罗森. 财政学 [M]. 7版. 郭庆旺，赵志耘，译. 北京：中国人民大学出版社，2006：59.
② 冯士伟. 公共产品的生产效率探析 [J]. 行政论坛，2005（3）.

信息的不可观测性，还使得政府在以竞争性方式选择公共服务的生产企业时也同样面临着"逆向选择"的风险。要想实施与私营部门之间的有效承包，政府首先必须具有观测承包人生产资质和控制产品质量的能力。但是在信息不可完全观测的情况下，政府很难真正了解企业的品质也很难控制公共物品的质量，特别是服务性质的公共物品。这就会使政府在很多时候可能选择了劣质的企业。

5. 我国在公共物品私人生产上的特殊缺陷

除了上述那些在各国公共物品私人生产的实践中都是可能产生的问题外，在我国，公共物品的私人生产还面临着更为严重的制度缺陷：

（1）没有规范透明的决策选择机制

公共服务公私合作的私人生产面临两个至关重要的选择：一是选择哪些公共服务来进行私人生产；二是选择哪家私人企业来作为生产者。然而，在我国由于没有建立与此相关的规范透明的公共财政制度，导致了各级地方政府在这两个重要决策上的随意性，一般都是由相关决策部门甚至个别领导说了算。这除了会由于决策者知识不足可能产生的选择性错误外，更多的时候是被决策者将这两个重要的选择权作为了权钱交易以权谋私的机会。

（2）社会公众利益虚置

社会公众是公共服务的最终消费者，也是公共产品是否优质、高效与经济的最终评价者。而现实的情况是，社会公众的正当利益诉求普遍缺乏有效的表达和反馈渠道，公众利益有被虚置之虞。本应作为公共事业领域公私合作重要价值目标的"公共利益"保护问题，在实践中可能已被异化为一个伪命题：普通公众基本无从了解合作项目的运作全过程，无从了解相关信息、数据，且在利益调整及规则制定过程中丧失话语权。

（3）没有完善的监管和处罚机制

在选择不公正的前提下，政府自然不会加强对私人生产者的监管，相关部门也就不会根据存在的问题去提出及时、有效地解决办法。这就导致了政府直接从监督管理的角度放松了约束。私人企业在权钱交易下获得公共物品生产权以后，为了自身利益的最大化，也为了弥补在权钱交易过程中的付出，自然会更加容易产生破坏性使用公共资源，降低产品质量和私自提高收费标准等有损公共福利的行为。但被金钱俘获的决策者则更加不会对这些行为进行惩罚，而只会听之任之。

（三）推进地方服务公私合作生产方式的规制原则

1. 考虑公私合作的适用性

从理论上讲，公私合作制几乎适用于所有的传统意义上的由公共机构运营的公用事业。但实践上确有一些公用事业不适于采用此类制度安排。某些具有特殊性质的公共服务领域，如治安、行政和消防服务等，并不适合商业性运营。同时，不同的公共物品的不同环节可采用的合作方式也会有所不同，必须视情况做出不同的制度安排，并以法律的形式加以明确和规范。

2. 构建有效的监管体制

由于行业特殊性的存在，政府在一定程度和一定范围内采取监管形式参与运营，对于公私合作制的正常发展至关重要。监管体制的构建，包括监管主体和监管对象两个方面。从监管主体的要求来看：一是必须具备独立性；二是监管权的配置必须协调，即监管主体与其他政府部门及监管机构间是分工协作的关系；三是包括对监管主体进行监管的内容。对于监管对象：一是要有利于引入竞争；二是要重视监管对象的信誉素质；三是要有完善的信息获取和传递机制，以确保信誉机制的有效。

3. 切实体现消费者主权，实现政府、消费者、生产者三方均衡的问题

公私合作制的本质，就是实现以公共部门为代表的消费者利益集团，与私人部门为代表的生产者利益集团的结构均衡。但由于一直采用国有垄断的传统运营体制，信息的不对称性使消费者与生产者的谈判中处于绝对弱势的地位。同时，出于自身因素的考虑（如为了引进投资减轻财政包袱），政府还有主动弱化对生产者约束的倾向。因此，在公共服务的公私合作制中，必须强调增强消费者权利的设计，才能增强合作双方对公共服务的责任，切实保障消费者利益，真正实现生产与资源配置效率的最优和社会福利的最大化。

参考文献：

[1] 曹远征. 公共事业：公私合作利于实现效率最大化 [J]. 南方周末, 2005（1128）.

[2] 郝利华. 城市公共物品私人提供的可行性研究——以数字信息亭为例 [J].

[3] 冯士伟. 公共产品的生产效率探析 [J]. 行政论坛, 2005（3）.

[4] 帕特里克·麦克纳特. 公共选择经济学 [M]. 梁海音, 译. 长春：长春出版社, 2008.

[5] 哈维·S.罗森. 财政学 [M]. 7版. 郭庆旺, 赵志耘, 译. 北京：中国人民大学出版社, 2006.

[6] 余晖, 秦虹. 公私合作制在中国面临的问题、挑战及发展前景——《中国城市公用事业绿皮书 NO.1——公私合作制的中国试验》总报告之三 [N]. 中国经济时报, 2005-09-20.

[7] 余晖, 秦虹. 公私合作制在我国公用事业领域的实践——《中国城市公用事业绿皮书 NO.1——公私合作制的中国试验》总报告之二 [N]. 中国经济时报, 2005-09-19.

[8] 杨龙, 王骚. 公共经济学案例分析 [M]. 天津：南开大学出版社, 2006.

[9] 章志远. 公用事业特许经营及其政府规制——兼论公私合作背景下行政法学研究之转变 [J]. 法商研究, 2007（2）.

[10] 蒋君芳. 成都调整自来水终端价格 每立方米上调0.09元 [N]. 四川日报, 2013-12-19.

中国地方政府自发自还债券的管理与优化

刘楠楠

内容提要：地方政府债券自发自还试点改革是中国地方政府债务发展的历史性转折，这对于构建现代财政体制，推进我国财政体制现代化建设具有重要意义。本文认为，地方自发自还政府债券，不仅在实现代际公平、缓解地方财政压力、完善财政分权体制、强化财政约束等方面彰显了财政效率特征，而且其内在机制又形成了财政体制现代化建设的重要推力。但是，鉴于该类债券存在潜在的扩张性风险以及我国现有地方政府债券管理框架仍存在诸多问题，仍需要进一步构建与完善地方政府自发自还债券管理框架，予以防范风险，有效地推进我国现代财政体制改革。

关键词：地方政府；自发自还债券；地方债券管理；现代财政体制

一、引言

随着城镇化和工业化的快速发展以及对于未来经济持续高位增长的预期，我国基础建设需求日益增加，这为地方建设举债融资提供了极大的潜在空间。2008年，世界爆发的金融危机给中国经济带来了巨大冲击，但同时也为中国地方建设举债融资的发展提供了契机。于是中国政府通过各种措施应对金融危机，并以该危机为机遇，积极推动和引导地方建设举债融资，成功把这种潜在可能转变为现实需求。

在中国现行财政体制下，地方政府事权与财权、财力极不匹配，导致地方财政困难问题日益突出，而旧《预算法》又明令限制地方政府直接举债，因此，各地纷纷成立融资平台，为地区基础设施建设筹措资金。但是，地方投融资计划一般均基于地方政府信用背书，地方融资平台债务软约束特征明显，对债务融资成本不敏感，产生并加剧地方政府性债务风险。在债务风险不断积聚且债务融资成本攀高的背景下，2014年9月国务院先后出台了《加强地方政府性债务管理意见》和《深化预算管理制度改革的决定》，要求剥离地方融资平台的政府融资功能，建

作者简介：刘楠楠，中央财经大学中国公共财政与政策研究院博士后。

立以政府债券为主体的地方政府举债融资机制，对地方政府债务实行规范管理与控制，以防范和化解日益膨胀的地方债风险。

2009年起至今，中国地方政府债券的举债模式经历了"代发代还"、试点省市"自发代还"和"自发自还"三个阶段。从实质上看，"代发代还"和"自发自还"地方政府性债券是由财政部代为还本付息，拥有国家信用背书，不是真正意义上的地方政府债券。因此，2014年5月财政部印发了《地方政府债券自发自还试点办法》，尝试逐步推进地方政府自主发债改革，强化地方政府债券改革之路。地方政府债券虽然在中国已经开始试点与实践，但是随着基础设施建设需求不断增长以及建立现代财政制度、完善中央与地方财政关系的需要，地方政府债券自发自还将成为发展基础设施和公共服务项目的有效选择，并为促进中国城镇化建设发挥越来越重要的作用。

二、地方政府自发自还债券的财政特性

财政是国家治理的基石，财政体制是促进国家效率与公平的关键性制度安排。地方政府自发自还债券对于财政分权的彻底性和金融市场的完善性有着极高的要求，加之政府性债券内在的代际公平特征，这些特点将有利于推进我国财政体制的现代化进程。

（一）代际公平特征

地方政府自发自还债券融资需要遵循"黄金法则"，即政府公共投资应该用于资本性项目而非经常性项目。在"黄金法则"下，合理的公共投资不仅能促进市场效率，也可促进居民间代际公平。财政一般理论表明，考虑公平性与外部性特征，政府在提供公共服务时应保证受益人与成本负担人一致，而"黄金法则"意味着具有跨代收益的公共服务应提供实现跨代的成本负担，加强成本和收益的纽带，实现地方居民的代际公平。一方面，如果将债券融资用于经常性支出，由于收益在当代，则是由后代人负担当代人的支出，违背了代际公平原则；另一方面，资本性项目投资大、时间跨度长、成本支出与收益获取的时间不一致，若由当代人通过税收等形式完成投资，则将出现当代人负担、后代人获益的情况，同样违背了代际公平原则（乔宝云等，2013）。

（二）完善财政分权体制

地方政府债券自发自还的根本性变革在于已清晰界定地方政府债务的举债主体为地方政府，也明确了地方政府在地方债上的自主收益权与责权，打破了中央"代发代还"及"自发代还"模式固有的举债和用债主体模糊的弊端。

从收益权角度来看，我国的分税制改革在中央与地方的财权和事权的划分上仍存在诸多问题，特别是地方的事权与财权、财力的不相匹配。地方政府的事权支出压力过重，财权、财力比重又严格低于事权比重。如2014年8月，地方财政

支出占全国财政支出的84.26%，而地方财政收入占全国财政收入的51.1%[①]。允许地方政府自发自还政府债券，在一定程度上赋予了地方政府举债权与自主收益权，对地方事权与财权、财力的不匹配问题产生了一种有效的转换契机，有利于完善我国的财政分权体制。另外，从国际实践上看，地方政府自发自还债券发展较好的国家，一般都拥有成熟的地方财政体制，且将房产或土地税收作为资金的稳定来源，如美国。这反映出自发自还债券与地方财政体制是相辅相成、相互促进的。

从责权角度来看，中央"代发代还""自发代还"模式实质是对地方政府发行政府债券的一种担保。若地方政府无法偿还债务，中央政府负有偿还责任。此时，极易刺激地方政府去争取更多的政府发债额度，且无需考虑是否具备偿债能力，进而引发"公共池"问题。"自发自还"将直接斩断地方政府债券与中央政府的责任关系，让市场约束政府举债，地方政府应明确偿债来源、慎重考量举债能力，最终自我承担偿债责任，进而在源头上遏制"公共池"问题。

（三）缓解地方财政压力，提高财政效率

首先，地方政府直接从财政收入拿出一部分进行基础建设投资，必然对预算产生显然压力，而使用政府债券融资方式将会直接化解这种压力或是将这种压力分摊到未来多期的财政预算内。这是因为：收益债券是以具体项目的收益作为偿债来源，所以资金压力将由未来的收益承担；一般债券虽然是以税收收入作为偿债来源，但是基于债券的期限结构，资金压力将会分摊到未来多期的财政预算内。

其次，随着对地方政府信息披露和接受公共监督的要求逐渐提高，政府债券模式的市场化内生机制能够促使地方财政的透明化，并增强对地方政府的约束力。具体表现在：一是内生化的信息透明度，二是内生化的发行量控制，三是全方位、动态的监督。"自发自还"要求地方政府公开政府财政信息状况，并依据其财政能力锁定举债规模。偿还自理，违约责任自担，这迫使地方政府自觉控制财政风险，打破市场和地方政府两级对地方政府债务由中央财政兜底的幻觉。同时，"自发自还"将借助市场的力量去控制地方政府债务盲目扩张。比如，若出现年度额度用不完的情况，表明市场不认可该地区融资，地方政府需要重新调整举债计划。

（四）改进问责机制，强化财政约束

地方政府自发自还债券要求严格的问责机制，这对于实现国家财政体制现代化具有重要意义。主要表现为：①更高的透明要求。自发自还地方政府债券的透明度要求实质上是对地方政府提高财政管理效率的有力督促。一般来说，地方财政管理水平有待提高的地方政府，其透明度相对较低，则在金融市场上举债所受的限制就比较多。②更多的问责主体，如债券购买者、纳税人、投资者或是信息评级机构，因各自不同的利益，必然产生相应的问责诉求。③更加清晰的委托代理关系。就地方政府债券而言，地方政府和居民之间存在两类委托代理问题：一

---

① 根据财政部公开数据计算得出。

是债权债务的代理关系，涉及债务偿还的委托代理问题；二是公共政策的代理关系，涉及公共政策选择与实施的委托代理问题。在"自发自还"模式下，这两类委托代理关系更加清晰，有利于明确问责主体与问责事由，提高问责效率，强化治理约束（Jensen，2003）。

三、中国地方政府自发自还债券发行实践

地方政府发行自发自还债券用于基础设施建设投资，不仅有助于缓解中国地方财政困境，同时也对于形成中国现代化财政体制提供了有益补充。因此，随着地方政府债券的全球发展趋势，我国也开始试点并积极使用这一模式。2014年5月22日，财政部印发了《2014年地方政府债券自发自还试点办法》（以下简称《办法》），要求在上海、浙江、广东、深圳、江苏、山东、北京、青岛、宁夏、江西10个地区试点发行自发自还地方政府债券。预计发行总额为1 092亿元。2014年6月23日，广东省成功发行第一单自发自还地方政府债券。截至2014年10月13日，已经有9个省（区、市）完成地方政府债券发行，深圳市场正在发行中。表1列示了地方政府"自发代还"与"自发自还"债券的相关数据。与"自发代还"模式相比，"自发自还"模式实现了多方面的突破。

表1　　　　　中国地方政府自发代还、自发自还债券试点情况

	2011		2012		2013		2014			信用等级
	期限(年)	发行量(亿元)	期限(年)	发行量(亿元)	期限(年)	发行量(亿元)	期限(年)	发行量(亿元)		
上海	3	36	3.1	5	44.5	3.25	5	56	3.94	5	5.04	4.01	AAA
	5	35	3.3	7	44.5	3.39	7	56	4.01	7	3.78	4.22	
										10	3.78	4.33	
广东	3	34.5	3.08	5	43	3.21	5	60.5	4	5	59.2	3.84	AAA
	5	34.5	3.29	7	43	3.4	7	60.5	4.1	7	44.4	3.97	
										10	44.4	4.05	
浙江	3	33	3.01	5	43.5	3.3	5	59	3.96	5	54.8	3.96	AAA
	5	34	3.24	7	43.5	3.47	7	59	4.17	7	41.1	4.17	
										10	41.1	4.23	
深圳	3	11	3.03	5	13.5	3.22				5	1.68		
	5	11	3.25	7	13.5	3.43				7	1.26		
										10	1.26		
山东							5	56	3.94	5	54.8	3.75	AAA
							7	56	4	7	41.1	3.88	
										10	41.1	3.93	

表1(续)

	2011		2012		2013		2014				信用等级
	期限(年)	发行量(亿元)	期限(年)	发行量(亿元)	期限(年)	发行量(亿元)	期限(年)	发行量(亿元)			
江苏					5	76.5	3.88	5	69.6	4.06	AAA
					7	76.5	4	7	52.2	4.21	
								10	52.2	4.29	
北京								5	42	4	AAA
								7	31.5	4.18	
								10	31.5	4.24	
江西								5	57.2	4.01	AAA
								7	42.9	4.01	
								10	42.9	4.18	
宁夏								5	22	3.98	AAA
								7	16.5	4.17	
								10	16.5	4.26	
青岛								5	10	3.96	AAA
								7	7.5	4.18	
								10	7.5	4.25	

资料来源：国泰安数据中心；中债资讯库。

（一）地方政府债券首次以地方政府信用资质为基础，由地方政府自主发行和偿还

2011年，中国财政部发布了《地方政府自行发债试点办法》，允许上海市、浙江省、广东省、深圳市开展地方政府自行发债试点，这一举措突破了中国地方政府债券由财政部代为发行的传统模式。然而，2011年的"自行发债"只是"跨了半步"，因为仍由财政部代为还本付息。如今，获国务院批准的10个省、市、区采用自发自还模式，将首次以地方政府信用资质为基础，由地方政府自主发行和偿还政府债券，不再由财政部代办还本付息，这是对以往地方政府债券"自发代还"模式的又一次推进。

（二）债券期限及其结构日趋合理化

从债券期限来看，10个试点省、市、区的自发自还债券的期限包括5年、7年和10年，这与2011—2012年、2013年试点省、市、区自发代还债券期限3年和5年、5年和7年相比较，债券期限有所拉长。再从期限结构来看，2011—2013年，自发代还债券的期限结构比例均是1∶1，对比试点省市的自发自还债券的期限结构比例4∶3∶3，我们发现后者的期限结构更趋合理，有利于分化风险。

（三）票面利率日益市场化

从票面利率数值来看，根据表1的票面利率数据计算结果，我们发现，2011—2013年，地方政府自发代还债券的票面利率平均为3.16%、3.33%、4%，而2014年试点地区的自发自还债券的票面利率平均为4.07%，票面利率有所提高。从票面利率差异性来看，对比自发代还、自发自还政府债券的票面利率在地区间表现出来的差异化更加明显，这可能是因为在自发代还的模式下，市场普遍认为地方政府债券具有"隐性担保"，而自发自还模式使得"隐性担保"不再存在，以此促使了地方政府债券发行利率在不同地区间的加速差异化。

（四）实行债券信用评级机制

此次试点，财政部要求开展债券综合性评级，但没有要求出具主体信用等级，因此目前各家评级机构仅出具并公布了自发自还地方政府债券的评级结果。虽然试点地区在经济、财政规模及债务负担等方面存在差异，但考虑到本轮发行债券均纳入地方公共财政预算，且发行数量相对政府财力而言规模很小，因此均得到AAA级的评级结果。

四、我国地方政府自发自还债券管理的潜存问题

（一）相关法律制度缺失

目前，我国地方政府自主发债仍然受到《中华人民共和国预算法》（以下简称《预算法》）的制约。《预算法》明确规定："地方政府不得发行地方政府债券。"财政部启动地方政府债券自发代还与自发自还试点，是启用了例外条款。然而，地方政府发债作为中国财政体制的一项重大变化，必须经过全国人民代表大会审议和批准，对《预算法》做出相应修改（王丽英和胡尹燕，2012）。

（二）管理体制不健全

一般来说，允许地方政府作为信用主体发债，必须具有完善的财政预算制度与监管机制，使地方财政预算和财政收支处于严格的监督之下，以有效控制地方债务风险。但是就我国而言，地方政府性债务尚未构建完善的预算管理制度及监管机制。在2014年9月的《加强地方政府性债务管理意见》（国发43号文）和《深化预算管理制度改革的决定》（国发45号文）出台之前，我国地方政府性债务均游离于预算以外，纳入政府预算外收支体系，直接导致地方融资平台规范失控，地方政府债务问题日渐恶化。然而，地方政府债券虽然明确应纳入预算进行管理，但是有效性不足。这是因为，遵循"黄金法则"，地方政府债券资金必须用于资本性支出，适用资本预算编制规则。但是，采用资本预算需要具备一些前提条件，如专用化的中长期预算管理、权责发生制编制规则及技术性较强的资本预算评估等。我国政府特别是地方政府目前也不具备这些基础条件，直接影响地方政府债券管理的有效性与规范性。发达市场经济国家如美国、日本、法国等国，其政府预算大多采取复式预算方法，将债务管理在资本预算中体现。

（三）信用评级体系缺失，地方政府的举债风险无法审慎揭示

一是发展地方政府信用评级存在政策限制。根据1995年国务院办公厅发布的《关于地方政府不得对外举债和进行信用评级的通知》精神，至今为止，中央对地方政府举债和信用评级工作仍未进行正式的政策解禁。二是国内市场缺乏独立而有广泛影响力的信用评级机构。由于收费模式不合理，评级公正性受到挑战等诸多原因，目前我国市场尚缺乏独立而有广泛影响力的地方政府信用评级机构。三是地方政府信用评级的内容体系尚未明确。由此可见，当前形势下我国开展地方政府自发自还债券独立评级的环境仍不成熟，亟待完善。

（四）缺乏风险预警体系，担保、偿还责任也不明确

目前，我国地方政府债务的担保和偿还责任尚不明确；即使是自发自还试点地区，试点办法中也未提及若地方政府违约即无力偿还债务时应如何处理。这将可能导致投资者对于地方债券存在认识上的误区，如将地方债券等同于国债，将中央政府作为地方债券的最终偿还主体等，即中央成了地方债务风险的实际承担者了。

五、完善地方政府自发自还债券管理的政策选择

（一）构建地方政府债券法律体系，赋予地方政府债券的合法地位

作为政策性的优先选择，我国首先需要构建地方政府债券的法律体系，赋予地方政府债券合法地位。具体措施是，修改《预算法》对于地方政府举债的限制，以帮助建立有效的地方债务市场管理框架。一方面，在法制框架下允许地方举债，能够提高使用金融资源的效率性和公平性，支持地方基础建设，也有利于促进财政和金融市场的改革；另一方面，在法制框架下，地方政府举债行为将会更加规范化，降低信用风险。

（二）遵循"黄金法则"，编制资本预算管理地方政府债券

1. "黄金法则"

地方政府应当遵循"黄金法则"，规范举债目的，只允许为公益性资本支出举债融资。对于非公益性的资本支出，应明令禁止，并逐步退出已有非公益性债务所对应的行业。经常性收支缺口应该通过建立标准化、公式化的政府间转移支付体制来解决，这是保障地方有能力遵守"黄金法则"的前提。

2. 编制资本性预算，构建资本预算管理体系

将地方政府债券纳入资本预算管理。这要求中国政府编制资本性预算，构建资本预算管理体系，将地方政府性债务统一纳入预算管理。要形成透明的债务申报机制，按照资本预算管理办法实施；同时设立资本预算规则，形成统一的资本性支出定义、中长期资本规划要求、资本项目成本估算制度、融资计划、资产维护与管理办法。

3. 推进权责发生制政府会计和预算改革

加强资本预算下的债务管理，还需要结合权责发生制政府会计和预算改革。

目前，中国没有建立完善的政府会计财务报告体系，预算管理完全基于收付实现制。在这种体系下，债务和资本支出管理基本不匹配。为更合理地管理收益与成本，针对跨年度对应的债务支出，有必要通过权责发生制改革，形成债务支出和资本收益在年度间的动态对应。

（三）完善地方债券的信用评级体系

按照国外规范化的债券市场运作方式发行地方债券，必须由独立性较强和具有公信力的资信评估机构进行地方债券的信用评级，将发债主体的信用和债务偿还能力对外公开，供投资者决策时参考，以充分发挥市场作用，调节融资成本。信用评级体系的工作包括设立独立权威的评级机构、规范地方债券评级内容和完善我国信用评级制度等。

（四）构建风险预警体系

风险预警体系是防范地方政府债券风险的重要工具，必须制定有效、合理的风险预警规则。建立风险预警体系有多重选择，包括上级政府对于债务总量的控制和对债务预警指标体系的建设，形成有效的惩罚机制，如上级政府的干预条件、对债务报警制度的财政干预等。

（五）尝试建立地方政府债务破产机制

在当前我国地方政府债务不断发展、高速扩张的情况下，有必要尽快建立合适的地方债务破产机制，主要措施是采用行政与司法相结合的混合手段。目前，我国中央政府在财政体制中具有强有力的控制手段，因此使用行政手段对陷入债务困境的地方政府进行干预将更有效率，如调整地方预算和收支、控制截留转移支付等。然而，过度依赖行政控制可能会软化预算约束。所以，可以在一定程度上结合司法手段，建立合适的地方债务破产法案，并以此为契机加强法院在地方政府债券谈判和重组中的作用。

参考文献：

［1］Jensen, Michael C. A theory of the firm: governance, residual claims and organization forms［M］. Harvard University Press, 2003.

［2］乔宝云，刘乐峥. 中国财税发展研究报告——中国地方政府融资平台研究［M］. 北京：中国财政经济出版社，2011.

［3］白景明. 为什么推行地方政府债券自发自还制度？［N］. 中国财经报，2014-09-04.

［4］佚名. 新兴经济体基础设施建设［J］. 经济学人，2008（6）.

［5］王丽英，胡尹燕. 地方自行发债：基于特殊时期的过渡安排［J］. 经济学文摘，2012（12）.

新型城镇化背景下收入分配秩序的财税法规制
——以不同类型收入为研究对象

席晓娟　杜　剑

内容提要：新型城镇化是实现共同富裕的城镇化，收入分配改革是实现共同富裕的关键举措，规范收入分配秩序是实现收入分配改革的核心。财税法的法律属性契合规制收入分配秩序要求，因而财税法规制收入分配秩序作为国家施政方针，需要法律规制的合法收入、过高收入、隐性收入及非法收入，其合法性及可税性有所差异，进而依据公平原则通过财税法加以规制，加速新型城镇化进程，最终实现共同富裕的目标。

关键词：新型城镇化；收入分配秩序；收入类型；财税法规制

收入分配秩序是指收入分配主体的分配行为及其结果所呈现的状态。收入分配主体的分配行为形成收入分配关系。收入分配关系分为国家、集体和个人之间的收入分配关系，以及个人之间的收入分配关系两个方面。现阶段我国新型城镇化急需解决个人之间的收入分配关系。因此，本文研究的收入分配秩序限于"个人之间的收入分配秩序"，以不同类型收入为研究对象。

一、新型城镇化与收入分配秩序的内在关联

（一）新型城镇化是实现共同富裕的城镇化

新型城镇化是以城乡统筹、城乡一体、产城互动、节约集约、生态宜居、和谐发展为基本特征的城镇化。"以人为本"是新型城镇化的核心，"共同富裕"是新型城镇化的目标。长期以来存在的城乡二元结构是造成我国城乡差距不断扩大的根本原因，而统筹城乡发展是突破城乡二元结构的根本路径，新型城镇化则是推进城乡统筹发展的重要途径与关键环节。社会主义的本质要求是消灭剥削，消除两极分化，最终达到共同富裕。新型城镇化不以牺牲农业和粮食、生态和环境

作者简介：席晓娟，西北政法大学经济法学院副教授、博士、硕士生导师；杜剑，贵州财经大学会计学院教授、博士、硕士生导师。

基金项目：本文是国家社科基金2014年西部项目《新型城镇化进程中财税利益协调法律问题研究》（项目编号：14XFX022）的阶段性成果。

为代价，着眼农民，涵盖农村，实现城乡基础设施一体化和公共服务均等化，促进经济社会发展，以实现城乡共同富裕。

（二）收入分配改革是实现共同富裕的关键举措

党的十八大提出深化收入分配制度改革，目的在于改善社会收入分配结构，在促进社会财富增长的同时，逐渐缩小收入差距，实现共同富裕。新型城镇化收入分配改革的路径有三条：一是破除形成收入断崖的制度性因素，平衡各阶层的收入水平；二是重新调整收入分配格局，"控制高收入、调节中收入、提高低收入"；三是用转移收入的办法补贴中低收入人群。通过新型城镇化建设推动城乡统筹发展，缩小城乡及区域收入差距，以实现共同富裕。

（三）规范收入分配秩序是实现收入分配改革的核心

当前收入分配问题中最突出表现是贫富差距过大，而城乡收入差距是全国整体收入差距的"最大贡献者"。过大的城乡收入分配差距严重影响和制约新型城镇化的健康发展。分配秩序混乱是导致收入分配差距不断扩大的症结所在，因此深化收入分配制度改革，关键在于整顿和规范收入分配秩序。2013年《关于深化收入分配制度改革的若干意见》（以下简称《若干意见》）提出：深化收入分配制度改革的目标之一是收入分配秩序明显改善，即合法收入得到有力保护，过高收入得到合理调节，隐性收入得到有效规范，非法收入予以坚决取缔。

二、财税法规制收入分配秩序的理论依据

（一）收入分配秩序的政策演进

1. 共产党纲领性文件中的收入分配秩序

党的十六大报告提出"规范分配秩序，合理调节少数垄断性行业的过高收入，取缔非法收入。以共同富裕为目标，扩大中等收入者比重，提高低收入者收入水平"。党的十七大报告提出"保护合法收入，调节过高收入，取缔非法收入。扩大转移支付，强化税收调节，打破经营垄断，创造机会公平，整顿分配秩序，逐步扭转收入分配差距扩大趋势"。党的十八大报告提出"完善劳动、资本、技术、管理等要素按贡献参与分配的初次分配机制，加快健全以税收、社会保障、转移支付为主要手段的再分配调节机制。规范收入分配秩序，保护合法收入，增加低收入者收入，调节过高收入，取缔非法收入"。从党的十六大至党的十八大，针对不同类型收入明确相应的规范方法。

2. 国务院政府工作报告中的收入分配秩序

2010年《政府工作报告》提出"进一步规范收入分配秩序。保护合法收入，调节过高收入，取缔非法收入，逐步形成公开透明、公正合理的收入分配秩序，坚决扭转收入差距扩大的趋势"。2011年《政府工作报告》提出"大力整顿和规范收入分配秩序。坚决取缔非法收入。加快建立收入分配监测系统。通过持续不断的努力，尽快扭转收入分配差距扩大趋势，努力使广大人民群众更多分享改革发展成果"。2012年《政府工作报告》提出"规范收入分配秩序，有效保护合法

收入，坚决取缔非法收入，尽快扭转收入差距扩大的趋势"。2013年《政府工作报告》提出"有效解决收入分配领域存在的问题，缩小收入分配差距，使发展成果更多更公平地惠及全体人民"。2014年《政府工作报告》提出"多渠道增加低收入者收入，不断扩大中等收入者比重"。近五年中央政府工作报告将规范收入分配秩序作为缩小收入分配差距的重要举措，以实现全民共富的国家目标。

(二) 财税法规制收入分配秩序是国家施政方针

党的十七大报告明确提出"扩大转移支付，强化税收调节"；党的十八大提出"加快健全以税收、社会保障、转移支付为主要手段的再分配调节机制"；《关于深化收入分配制度改革的若干意见》提出"以税收、社会保障、转移支付为主要手段的再分配调节框架初步形成"。由此可见，国家大政方针已将财税宏观调控机制作为规范收入分配秩序的主要手段。财税宏观调控机制作为外在制度，其层次结构本质上由三个不同层次的规则构成，即顶层的宪法、中层的成文法和底层的政府条例。外在制度需要国家以法律的形式引导与规范人们的行为。因此，研究财税宏观调控机制对收入分配秩序的作用，应从财税法律对收入分配秩序的规制着手。

(三) 财税法的法律属性契合规制收入分配秩序要求

(1) 财税法是保护私有财产之法。规范收入分配秩序以财产合法性为基础。私法保护合法财产主要是赋予权利人一种排他性的对世权，财产权人能够充分行使自己权利，政府非因法定事由并经法定程序不得侵害，否则即构成侵权。财税法也保护私有财产，是公法层面的私有财产保护之法。税法对私有财产权保护的价值在于防范和对抗国家征税权的任意行使，维护和保障私人在市民社会生活中的经济自治空间。税法通过法律规范的明确规定在征税过程中对私人财产权给予必要的保护，从而在国家财政收入取得和私人财产权的自由行使之间达到某种平衡。财税法通过不同法律手段规制合法收入、过高收入、隐性收入，使纳税人的合法财产不被国家公权力随意侵犯，与私法一起保护私有财产，从而实现规范收入分配秩序以保护合法财产之目的。

(2) 财税法是实现宏观调控之法。收入分配是社会经济活动的重要环节。我国社会主义国家本质要求最终实现共同富裕，因而，政府对市场分配结果的过大差距进行合理有效的干预，是市场经济条件下政府宏观调控经济的一项重要职能。政府宏观调控收入分配主要是通过税收、利率、汇率等经济杠杆进行，其中税收与转移支付成为再分配调节的主要手段。现代财税法的调整不仅要保障国家参与社会产品的分配，还要通过宏观调控，发挥再分配的功用，保障经济公平和社会公平，从而实现其调整目标。财税法是典型的分配法，它主要解决国家参与国民收入分配和再分配的相关问题，以及公共经济中的资源分配和社会财富分配问题。各国对分配结构进行调整，都普遍使用财税法，并将其作为主要的、直接的调整手段。

(3) 财税法是协调利益冲突之法。利益是社会主体的需要在一定条件下的具体转化形式，其本质是反映利益各方需要的特定社会关系。利益关系是人类社会的本质关系，不同经济主体之间的利益差异导致利益矛盾和冲突的产生，并推动制度变革，人类社会的变迁正是这种矛盾运动的结果。市场经济的发展必将使社会利益结构出现多层次、多领域的分化和组合。社会利益主体多元化，社会利益结构复杂化，利益群体的利益博弈，在其提高资源配置效率、满足社会多样的个性化需求的同时，必然会导致社会利益的分化。当其利益无法通过市场经济运作而融合成共同利益时，国家需要发挥利益协调作用，以化解社会矛盾。社会主义市场的财富积累过程中出现了不公正、不合理现象，造成收入分配失衡并引发社会成员间的利益冲突与矛盾，国家急需通过各种宏观调控手段，建立公开透明、公正合理的收入分配秩序，将社会成员间的收入差距保持在适度范围内，以实现社会公平公正。法是利益关系调整的基本手段，是其他社会调整手段发生矛盾冲突时的最终解决方法。法律的利益协调功能主要是表达社会主体的利益要求、平衡利益主体的利益冲突，以及重新确定利益格局。财税法通过对不同类型收入实行不同的政策法律规制，以达到保护合法财产、调低过高收入、调高过低收入、规范隐性收入的目的，从而化解收入分配的利益冲突，实现收入分配秩序的公开透明、公正合理。

三、可税性视角下不同类型收入的法理分析

收入分配规制客体表现为各种形式的收入。需要规制的收入包括合法收入、过高收入、隐性收入、非法收入四类。合法收入属于保护对象，过高收入属于调节对象，隐性收入属于规范对象，非法收入属于取缔对象。鉴于不同类型收入的性质影响财税法规制方法及效果，有必要对收入类型进行分析。

（一）不同类型收入的合法性分析

合法收入是指在现行法律制度框架内通过合法、正常的途径而获得的各种收入，包括工资收入、合法经营性收入以及各种生产要素收入等。党的十六大提出：一切合法的劳动收入和合法的非劳动收入都应该得到保护。因而，从规范收入分配秩序层面出发，应将合法收入分为合法的劳动收入和合法的非劳动收入。劳动收入是指各类劳动者通过劳动获得的各种报酬。非劳动收入是指劳动收入以外通过其他途径获得的各种收入，主要包括财产性收入、经营性收入、转移性收入和其他收入等[①]。国家保护合法收入是巩固和发展基本经济制度和基本分配制度；调

---

① 财产性收入是指家庭拥有的动产（如银行存款、有价证券等）、不动产（如房屋、车辆、土地、收藏品等）所获得的收入，包括出让财产使用权所获得的利息、租金、专利收入等；财产营运所获得的红利收入、财产增值收益等。经营性收入是指经营所得超过平均利润率并由股东会同意支付给经营者的部分。转移性收入是指国家、单位、社会团体对居民家庭的各种转移支付和居民家庭间的收入转移，包括政府对个人收入转移的离退休金、失业救济金、赔偿等，单位对个人收入转移的辞退金、保险索赔、住房公积金、家庭间的赠送和赡养等。其他收入是指除财产性收入、经营性收入、转移性收入以外的各种非劳动收入，包括遗产、赠与、博彩中奖等。

动一切积极因素以加快经济发展；促进要素市场发展，进一步完善社会主义市场经济体系；加快提高人民生活水平，促进最终实现共同富裕的需要。

过高收入是指在法律允许范围内所获取的高于社会正常水平的那部分较高收入。之所以取得高收入是因为行业垄断，以及价格、资源和地理环境等外部竞争条件的不公平。过高收入是合法不合理的收入。合法是因为法律并未明文禁止垄断性行业职工拥有高收入，也未规定外部竞争条件不公平产生的高收入是非法收入；不合理是因为过高收入不符合社会公正原则。西方启蒙学者认为每个人天生享有自由、平等等权利，而这些权利的核心是对自然财富与社会财富的平等占有与分配。国家调节过高收入有利于社会资源在一定程度上实现再次公平流动，从而缩小社会收入差距、促进经济社会协调发展。

隐性收入是指不能直接用货币价值衡量的收入，但又是居民实际享受的福利，主要包括各种补贴和社会保险费用等。关于隐性收入的合法性存在争议。孙洪敏等认为隐性收入是社会成员通过隐蔽途径获得的难以统计的各种收入，一种是社会成员享受的部分福利待遇，另一种是部分社会成员通过贪污受贿、偷税漏税等非法手段获得的大量黑色收入和灰色收入。苏存认为隐性收入是指工资性收入以外不合理的非劳动所得，具有隐蔽性、违法性、危害性、侵蚀性、多变性。张存刚认为隐性收入是未公开的账外收入，包括账外存在的个人福利、隐性财产收入、灰色收入与黑色收入等。国家规范而非取缔隐性收入，表明隐性收入的合法性。基于此，可将隐性收入界定为纳税人在工资、奖金、津贴、补助等正常渠道之外取得的合法的非公开性收入，不包括黑色收入、灰色收入等非法收入[①]。

非法收入是指违反法律法规规定，通过非法渠道或非法行为取得的收入[②]。包括走私、卖淫、赌博、诈骗、盗窃、抢劫、制假贩假、制毒贩毒、贪污受贿、乱收费乱摊派、非法经营矿山等方面的收入。国家取缔非法收入正是基于非法收入的违法性及社会危害性。

（二）不同类型收入的可税性分析

税法上的可税性强调征税的合法性与合理性，征税应符合宪法及相关具体法律规定，符合法律之公平正义精神。收益性、营利性及公平性是衡量可税性的标准。至此，可基于公平原则对纳税人的营利性收益征税。

判断对合法收入、过高收入、隐性收入、非法收入是否应征税的标准，是应税收入的可税性。应税收入是指纳税人进行生产经营或提供相关劳务而获得的收

[①] 民间按照颜色将收入分为白色、黑色、灰色、血色、金色五种收入。白色收入是指正常的工资、福利等合法收入；金色收入是指利用黄金、股票、期货等资本获取的财产性收入；黑色收入是指通过贪污受贿、偷盗抢劫、欺诈贩毒等违法手段获得的非法收入；灰色收入介于合法与非法之间；血色收入是指那些突破文明底线，牺牲他人生命榨取来的收入。白色收入和金色收入应当鼓励，黑色收入和血色收入应严厉打击或取缔。灰色收入应该按照其合法性加以区分后进行规制。

[②] 非法收入包括走私、卖淫、赌博、诈骗、盗窃、抢劫、制假贩假、制毒贩毒、贪污受贿、乱收费乱摊派、非法经营矿山等方面的收入。

入或报酬。应税收入不一定是合法收入，只要收入具有可税性就应征税。合法收入并不一定都是应税收入，符合课税要件的合法收入方能征税。过高收入属于合法不合理的收入，对符合课税要件的过高收入，应征税以调节个人收入悬殊差距。隐性收入属于合法收入，对符合课税要件的隐性收入应该征税，但因其非公开性而很难对其进行监管并征税。是否违反国家强制性法律规定是收入非法性的判断标准，可税性并不是判断收入合法与非法的标准。因此，从维护国家经济秩序和个体经济利益角度出发，应该坚决取缔非法收入。但对具有可税性的非法收入应该征税，以防止国家税收利益流失。当然，对非法收入征税并不等于承认其合法性。

四、公平视角下不同类型收入的财税法规制

加快健全以税收、社会保障、转移支付为主要手段的再分配调节机制。健全公共财政体系，完善转移支付制度，调整财政支出结构，大力推进基本公共服务均等化。加大税收调节力度，改革个人所得税，完善财产税，推进结构性减税，减轻中低收入者和小型微型企业税费负担，形成有利于结构优化、社会公平的税收制度。

（一）合法收入的财税法规制

合法收入分为合法的劳动收入和合法的非劳动收入。按照劳动收入的类型分为工资薪金所得与劳务报酬所得，对合法的劳动收入征税适用个人所得税法。财税法重点规制合法的非劳动收入。非劳动收入主要包括财产性收入、经营性收入、转移性收入和其他收入等。

财产性收入是指家庭所拥有财产的增值收益，包括出让财产使用权所获得的利息、租金、专利收入等，财产营运所获得的红利收入、财产增值收益等。由于财产性收入以居民富余的财产为投资基础，"钱生钱"、"物生钱"效应是财产性收入的内在增长机制，用于财产性投资的资产数量越大，所获得的利润就越多。随着市场经济条件下居民投资渠道日益增多，财产性收入成为重要的收入来源，并逐渐拉大居民收入的差距。应加大财产性收入的税收征管，将财产转让所得、利息、股息、红利所得等五类所得作为重点项目以加强征管。转移性收入是指国家、单位、社会团体对居民家庭的各种转移支付和居民家庭间的收入转移。包括：政府对个人收入转移的离退休金、失业救济金、赔偿等；单位对个人收入转移的辞退金、保险索赔、住房公积金、家庭间的赠送和赡养等。个人来源于政府财政支出的转移性收入，是政府为了实现社会收入分配公平目标，单方面对居民等微观经济主体的无偿财政拨款，因此不应征税。单位对个人收入转移的辞退金是个人因与用人单位解除劳动关系而取得的一次性补偿收入，其收入在当地（设区的市）上年职工平均工资3倍数额以内的部分，免征个人所得税。超过的部分，要按照规定计算缴纳个人所得税。保险索赔收入是保险赔款，保险赔款属于个人所得税免税项目。住房公积金收入中超过法定最高缴存比例和基数的，超标准部分要计征个人所得税;地方擅自对超标准的住房公积金免税的,财政、税务机关应坚决予以纠正。家庭间的赠送和赡养收入虽然是发生在居民家庭内部的收入转移,但按照其所得性质也应缴纳个人所得税。其他收入是除财产性收入、经营性收入、转移性收入以外的各种非劳动收入,包括遗产、赠与、博彩中奖等。遗产及赠与应该征收遗产税和赠与税,对于博彩中奖应按照偶然所得征税。

(二)过高收入的财税法规制

过高收入重在"调节"。过高收入除因劳动者通过合法辛勤劳动而积聚大量财富外,往往是因为行业垄断以及价格、资源和地理环境等外部竞争条件的不公平而产生。如何取缔行业垄断并消除外部竞争条件不公平是其他法律所需解决的根源性问题,对业已形成的过高收入进行调整以满足公平公正的社会要求,乃是财税法的任务及作用所在。税收和转移支付是再分配的两种主要手段。税收主要调低过高收入,转移支付主要调高过低收入。应确立直接税在调节过高收入中的主体地位。直接税因其税负无法转嫁而符合税收公平和量能课税原则,具有调节社会财富再分配、满足社会保障需求的调节功能,从而最适合运用于调节过高收入以实现收入分配领域的公平。

个人所得税以纳税人净所得为征税对象,是调节过高收入的主体税种。作为法律位阶较高的《中华人民共和国个人所得税法》,历经几次修改已基本适应现阶段我国国情。目前关于征收模式、免征额、税率级距、税收征管等问题存在争议。3 500元的免征额是争议最为激烈与集中之处,就调节过高收入而言,重在个税税率与级距[①]。应充分运用个人所得税累进税率的优势,加大对过高收入的个人所得税征收。当前45%的最高税率对过高收入的征税已接近过半,从税制设计角度已满足调节过高收入的需求。我国个人所得税征收模式应由分类所得税制向综合所得税制转变是不争的事实,鉴于一步到位有困难,现阶段应加快建立综合与分类相结合的个人所得税制度。当前,以个人所得税法调节过高收入的重点是加强税收征管执法力度。因此,完善高收入者个人所得税的征收、管理和处罚措施,将各项收入全部纳入征收范围,建立健全个人收入双向申报制度和全国统一的纳税人识别号制度,依法做到应收尽收。取消对外籍个人从外商投资企业取得的股息、红利所得免征个人所得税等税收优惠。我国目前直接税税种较少且仅以个人所得税调节过高收入力度有限,因此,应适时开征遗产税与赠与税、社会保障税等税种[②],完善房产保有、交易等环节税收制度,逐步扩大个人住房房产税改革试点范围,细化住房交易差别化税收政策,加强存量房交易税收征管。扩大资源税征收范围,提高资源税税负水平。合理调整部分消费税的税目和税率,将部分高档娱

[①] 即使个税免征额在现有3 500元的基础上再提高,对过高收入者动辄十万元百万元的收入而言,不能伤其皮毛。

[②] 鉴于开征遗产税与赠与税、社会保障税所要的理论依据及论证过程的复杂性,囿于论文篇幅所限,本文仅提出设立相应税种而不做进一步论证。

乐消费和高档奢侈消费品纳入征收范围。通过以上途径合理调整社会财富分配与占有关系,防止财富过度集中在少数人手中,使社会资源在一定程度上实现再次公平流动,从而缩小社会收入差距,实现社会成员共同富裕的目标。

与调低过高收入相对应的是调高过低收入,调高过低收入主要依靠财政转移支付。转移支付是经济的自动稳定器,从增加居民收入角度来调整居民的初次分配。通过政府对低收入者进行直接的财富转移,实现收入的再分配以起到缩小贫富差距的作用。应加快财政转移支付立法,重点解决区域财政横向不均衡,缩小地区差异以实现地区间财力水平相对均衡;改变目前以税收返还为主的转移支付模式,构建以一般转移支付为主、其他转移支付为辅的转移支付体系;强化转移支付制度的监督机制,以提高转移支付资金的使用效率,落实转移支付调节过低收入的实践效果。

(三) 隐性收入的财税法规制

隐性收入是纳税人在工资、奖金、津贴、补助等正常渠道之外取得的合法的非公开性收入。收入的非公开性决定税务机关无法对其进行税收监管,但基于税收公平原则又必须对隐性收入进行征税,因而,财税法规范隐性收入的重担落在个人所得税法上。

隐性收入表现之一是单位发放给个人的福利。福利是指企业为了保留和激励员工,采用的非现金形式的报酬①。针对单位发放给个人的福利,个人所得税法原则规定不论是现金还是实物,均应缴纳个人所得税。但从企业、事业单位、国家机关、社会团体提留的福利费或者工会经费中支付给个人的生活补助费,免征个人所得税,对于超过国家规定比例或基数提留的福利费、工会经费中支付给个人的各种补贴、补助;从福利费和工会经费中支付给本单位职工人人有份的补贴、补助;单位为个人购买汽车、住房、计算机等不属于临时性生活困难补助性质的支出,不属于免税的福利费范围。目前对于集体享受的、不可分割的、非现金方式的福利,原则上不征收个人所得税。

隐性收入表现之二是除个人工资薪金所得以外,非公开性的其他合法收入。包括:劳务报酬所得;稿酬所得;特许权使用费所得;利息、股息、红利所得;财产租赁所得;财产转让所得;偶然所得等形式。该类收入的取得不具有隐蔽性,本应属于公开性收入,原则上应由支付所得的扣缴义务人代扣代缴,但受多方利益动因影响,往往无法实现代扣代缴而变为公开的隐性收入,致使税务机关无法掌控纳税人实际收入情况,导致税款大量流失。基于此,应将隐性收入显性化,加强个人所得税征收管理工作。在全国范围内采用纳税人单一身份证号码登记系统,以实时掌控个人收入变化并及时征税;建立健全支付情况报送制度,实现税务、工商、银行、保险等部门间的信息资料交换和共享,以有效监控个人收入,

---

① 广义的福利泛指在支付工资、奖金之外的所有待遇,包括社会保险在内;狭义的福利是指企业根据劳动者的劳动在工资、奖金,以及社会保险之外的其他待遇。

防止逃税行为发生；在纳税人自行申报纳税的基础上，强化代扣代缴制度，从源头控制个税的税收收入。

（四）非法收入的财税法规制

取缔非法收入表明国家维护经济秩序，实现社会公平的决心，但应对具有可税性的非法收入征税，以防止国家税收利益流失。取缔非法收入与非法收入征税是两个并行不悖的问题。

非法收入是指行为人从事违反国家法律法规规定的活动，即实施了国家法律法规禁止的行为，或未履行法定义务的获利额。非法收入也是收入，只是其来源违反法律强制性规定而成为打击与取缔对象。可税性作为收入征税的依据，以收益性、营利性及公平性作为衡量标准。依据实质课税原则，征税机关无需考察收入合法性，在行为人具有经济收益、符合课税要件的情况下，应对非法收入征税。对非法收入进行征税，既不违反税法的基本价值观，也不会产生让非法收入合法化或鼓励非法行为的后果；相反，却可以更好地贯彻量能课税原则，既符合税收公平的理念，也落实了税收征收效率的原则，在理论上也契合了税法的独立性原理。由于税务机关没有界定收入合法性的义务，因此，在未被有关法律或机构确定为非法收入前，应推定符合课税要件的应税收入为合法，依据税收法定原则对其征税。即使应税收入被界定为非法收入，为维护国库收入的稳定性，增加纳税人的违法成本，对税务机关已征税款不再调整。鉴于非法收入的社会危害性，税务机关在税款征收过程中一旦发现收入的非法性，应发挥税收监管作用，及时通知相关部门打击取缔非法收入，维护国家经济秩序。

参考文献：

[1] 杨灿明，赵兴罗. 规范收入分配秩序若干问题的思考 [J]. 财政监督，2011 (36).

[2] 冀实. 新型城镇化之"纸上谈兵" [N]. 中国房地产报，2013-10-14.

[3] 权衡. 深化收入分配制度改革 实现社会公平正义 [N]. 文汇报，2013-02-18.

[4] 柯武刚，史漫飞. 制度经济学——社会秩序与公共政策 [M]. 北京：商务印书馆，2004.

[5] 刘剑文. 私人财产权的双重保障——兼论税法与私法的承接与调整 [J]. 河北法学，2008 (12).

[6] 张守文. 分配结构的财税法调整 [J]. 中国法学，2011 (5).

[7] 张文显. 法理学 [M]. 北京：法律出版社，1997.

[8] 徐充，王晓雨. 收入差距、分配关系及其政策匹配 [J]. 改革，2009 (11).

[9] 孙洪敏，等. "十二五"民生发展对策：以辽宁为例 [M]. 北京：社会科学文献出版社，2011.

[10] 方向新. 科学发展观的伟大实践："五个统筹"与完善社会主义市场经济体制 [M]. 长沙：湖南人民出版社，2005.

[11] 苏海南. 保护一切合法收入 深化分配制度改革 [J]. 劳动保障通讯，2003 (1).

[12] 安体富，孙玉档. 中国税收负担与税收政策研究 [M]. 北京：中国税务出版

《公共经济与政策研究》约稿函

　　西南财经大学财政学科是我校历史最悠久的学科之一，财政学专业始建于1952年，是全国最早设置的财政学专业之一。1983年经国务院学位委员会批准为硕士授权点，1986年经国务院学位委员会批准为博士授权点，是全国重要的财税人才培养和科学研究基地。

　　《公共经济与政策研究》是西南财经大学财政税务学院暨西南财经大学地方财政研究中心主办的学术辑刊，创刊于2005年（原名《光华财税年刊》），由西南财经大学出版社公开出版发行，上线中国知网（www.cnki.net），自2014年每年两辑。旨在搭建学术平台，发表公共经济与政策研究成果，特别是源于中国实践、解释中国现实，对中国财税和经济社会改革发展具有建设性作用的研究成果。《公共经济与政策研究》秉持理性、建设性的理念，倡导学术自由、平等和创新，鼓励理论与实践部门的研究者、青年学子投稿。

　　凡未在其他公开出版物发表的财政、税收、公共经济和政策、财税法、财税史等相关论文均可投稿，对于本辑刊收录的论文，我们将视情况向作者支付稿酬。刊物网站，http://ghcs.cbpt.cnki.net/，投稿邮箱：annalscpf@163.com，欢迎赐稿。

社，2006．

[13] 曹钦白．税收未被解读的密码（下册）[M]．西安：陕西人民出版社，2009．

[14] 李一鸣，罗永明．宏观经济调控研究[M]．成都．西南财经大学出版社，2006．

[15] 苏存．金融经济问题探索[M]．北京：中国金融出版社，2000．

[16] 张存刚．我国居民收入差距的现状、成因与对策[J]．兰州商学院学报，2011（2）．

[17] 张守文．论税法上的可税性[J]．法学家，2000（5）．

[18] 陈少英．税法基本理论专题研究[M]．北京．北京大学出版社，2009．

[19] 张满林．管理学理论与技能[M]．北京：中国经济出版社，2010．

[20] 徐阳光．实质课税原则适用中的财产权保护[J]．河北法学，2008（12）．

城镇化进程中的地方财权及其保障

郭维真

内容提要：现行的中央与地方财权分配，滥觞于1994年分税制改革。作为税权集中的里程碑事件，分税制反映了国家立法权的向上集中与向行政权集中。表象财权、实质立法权配置的分税制在20年中，从趋势上看中央政府不仅掌握了主要的包括税收收入在内的经济资源，更掌握了税收上的主要话语权。随着新型城镇化的提出，地方税也成为推进城镇化资金保障机制的重要内容。在这样的背景下，对税权的重新分配，不再停留在简单的收入层面的划分，而是进一步上升到立法权的划分，充实地方财权以成就城镇发展。

关键词：城镇化；分税制；立法权；财权；消费税

一、引言

财政是国家基础权力的展现，中央政府动员财力的能力是国家权力的基础，也是国家设定社会各经济实体相互作用的外延条件。[①] 而中央与地方的关系中，财政关系无疑构成了实际权力关系的关键点；然而财政关系如何，必然是基于一定的政治结构和财政体制而形成的。可以说立法权为本、财权为表，构成了中央与地方关系的核心。

1994年《国务院关于实行分税制财政管理体制的决定》（以下简称《决定》）的施行，正式确立了分税制，在确立我国基本税制体系的同时，最重要的是将中央与地方的财政（以及税收）关系予以了明确。在形式上，一方面区别于1978年以前的财政收入大部分来自于国营企业的上缴利润，确立国家与企业的分配关系以税收为核心；另一方面对改革开放以来至1993年这一阶段的以"放权让利"为基调、以"财政包干"为模式的财政改革，对于地方财政权的过度松绑带来的对

作者简介：郭维真，中央财经大学法学院讲师、法学博士。
课题项目：本文受到国家社会科学基金青年项目"公共财政的法制监督研究"（项目编号：12CFX077）的资助。

[①] 王绍光. 中国国家财政能力的下降及其后果［C］//甘阳，崔之元. 中国改革的政治经济学. 牛津大学出版社，1997：283.

中央财政冲击的负面效应予以调整,从而确立了中央财政的绝对主导地位,即财政上的权力集中。

在实质上,分税制的出台,被放在了一个国家改革开放的宏观背景之下,无论是1984年全国人大常委会"根据国务院的建议,决定授权国务院在实施国营企业利改税和改革工商税制的过程中,拟定有关税收条例,以草案形式发布试行,再根据试行的经验加以修订,提请全国人大常委会审议"①。还是1985年决定"授权国务院对于有关经济体制改革和对外开放方面的问题,必要时可以根据宪法,在同有关法律和全国人大及其常委会的有关决定的基本原则不相抵触的前提下,制定暂行的规定或条例,颁布实施,并报全国人大常委会备案。经过实践检验,条件成熟时制定法律"②。可以说对于税收的决定权也呈现出两个态势:一是集中在中央层面,集中在具有一定封闭性的行政系统内部,从而分散了人大的立法权;二是地方有限的税收立法权也复制了中央的分配模式,即由行政系统掌握。

可以说分税制的确立,代表了作为政治表象的法律从合法性的层面为中央在财政上的集中和中央行政机构在立法权上的集中奠定了基础。然而,新型城镇化恰恰属于去中心化的一种,无论是行政区划,还是个人的市民化,地方政府都承担了相当的职责③。因此,地方财权的重构既包括了税收收入在内的经济资源的再分配,又包括了税收话语权的再分配。

二、财权上的集中与立法权上的集中

(一) 分税制对中央和地方财政关系的确认

作为分税制改革的重点,中央与地方财权重新划分的核心是税收收益权的集中。

1994年改革将沿用多年的财政包干制改造为新的分税制,从而改造了中央政府与地方政府的财政及税收关系。在表象上的公法层面的对中央与地方在支出和收入权限的分配的同时,其实也是对私法层面的国家与企业关系的重新调整。

《决定》中,以税种划分中央与地方的财权配置,其目标在于"中央要从今后财政收入的增量中适当多得一些,以保证中央财政收入的稳定增长",在同时锁定了地方在税收优惠方面的权力。而对于地方在税权制定方面的权力,在1998年3月国务院发布的《关于加强依法治税严格税收管理权限的通知》则是受到了全面的明确的限制,"中央税、共享税以及地方税的立法权都集中在中央",各地区、

---

① 2009年6月,第十一届全国人大常委会第九次会议通过决定,废止1984年对国务院的授权。1985年的授权则保留至今。

② 2013年3月9日,来自山东团的全国人大代表赵冬苓表示,她已将《关于终止授权国务院制定税收暂行规定或者条例的议案》正式上交大会议案组。

③ 根据《国家新型城镇化规划(2014—2020年)》,在农业转移人口市民化推进中,中央政府负责统筹推进农业转移人口市民化的制度安排和政策制定,省级政府负责制定本行政区农业转移人口市民化总体安排和配套政策,市县政府负责制定本行政区城市和建制镇农业转移人口市民化的具体方案与实施细则。

各部门"不得超越权限擅自制定、解释税收政策,也不得越权批准减免税收、缓缴税和豁免欠税"①。

由此可见,分税制在分配收入的同时,也重申了收入决定权的绝对集中,即在收入与支出不匹配的同时,收入与收入决定权也存在着不匹配。

同时,分税制的里程碑意义还在于对私法层面的国家与企业关系将国有企业与国家的利润分配关系调整为税收关系。《决定》提出"逐步建立国有资产投资收益按股分红、按资分利或税后利润上交的分配制度",尽管国有资本经营预算制度的建立已经是晚近的事了,但仍然可以说分税制决定不仅注意到了现状、我们设想的改革方向、改革目标,以及试图构建一个能够实现目标的制度框架,还注意到了对元制度②的审视,即自新中国成立以来就建立在国家与企业利润分配基础上的财政制度面临着革命性的改革。然而《决定》并未完全剥离企业对不同层级政府的隶属这一桎梏,1992年经济体制改革要点颁布后中央逐步恢复对企业集团的直接控制。在这一轨迹下,《决定》在划分收入时依然遵循以企业对政府的归属关系为标准。

然而无论是此前的财政体制还是分税制,都无法解决在中国这样一个大国的地方上的进一步分配,无论是收入抑或是支出,即便《决定》提出"各省、自治区、直辖市以及计划单列市人民政府要根据本决定制定对所属市、县的财政管理体制",然而省以下的财政管理体制,却囿于地方立法权在法律上的限制无从着手,虽然1999年《中共中央、国务院关于地方政府机构改革的意见》提出"继续推进省直接管理县(市)的财政体制改革,有条件的地方可依法探索省直接管理县(市)的体制"。

2002年《国务院关于印发所得税收入分享改革方案的通知》针对《决定》中按企业隶属关系划分所得税收入的办法进行了改革。除铁路运输、国家邮政、中国工商银行、中国农业银行、中国银行、中国建设银行、国家开发银行、中国农业发展银行、中国进出口银行以及海洋石油天然气企业缴纳的所得税继续作为中央收入外,中央与地方的所得税收入归属,以分享比例为划分标准。自2003年以来中央占60%、地方占40%的比例未再调整。原本作为地方固定收入的个人所得税,也纳入了按比例分享的框架之内。

从1994年到2002年,基本确定了我国中央与地方的财政收入的划分模式。在财权上的集中已基本确立。

---

① 后《国务院关于纠正地方自行制定税收先征后返政策的通知》重申了先征后返政策作为减免税收的一种形式,审批权限属于国务院。

② 青木昌彦从历史上最初出现的原始制度出发,进行理论分析,提出了所谓的元制度(Proto-institution)范畴。有学者认为可以作为一个相对概念,在任何具有时间顺序并有着因果联系的两项制度中,作为后项制度产生基础的前提制度都可以被理解为"元制度"。张仁德,王昭凡. 元制度设计与中国国有企业产权改革 [J]. 经济社会体制比较,2005 (5).

(二) 全国人大及其常委会与国务院的权力分享

2000年3月15日《中华人民共和国立法法》通过，有学者认为其最大贡献是"在中国的立法史上第一次对中央政府和地方政府的立法权做了划分，特别列举或限制了中央政府的专属立法权"①，也预示我国立法体制的制度化发展。然而从新中国成立的50年里，立法权的重叠、秩序混乱以及实践对规定的背离，使得诸个子系统之间的协调和修复能力弱化近于零。最突出的便是全国人大及其常委会的立法权无法定程序即由国务院行使以及不当的授权和转授权。

根据《中华人民共和国立法法》我国的税收立法权并不属于绝对法律保留，对于税收基本制度中的"部分事项"，国家立法机关可以授权国务院立法，同时这也意味着"部分事项"外的税收基本制度事项属于法律保留的范畴，只能由立法机关以法律的形式规定。然而，此时我国的税法体系依据1984年、1985年授权已经基本建立，对于业已形成的格局立法法并无溯及力；其生效之后的新立之税法仅有《中华人民共和国企业所得税法》和《中华人民共和国车船税法》。而新制定的国务院行政法规主要是《中华人民共和国车辆购置税暂行条例》②、《国务院关于印发所得税收入分享改革方案的通知》和《中华人民共和国船舶吨税暂行条例》③。

国务院对于车购税的立法权，根据《国务院批转财政部、国家计委等部门〈交通和车辆税费改革实施方案〉的通知》，其目的在于加快交通和车辆税费改革；而《中华人民共和国公路法》第三十六条"国家采用依法征税的办法筹集公路养护资金，具体实施办法和步骤由国务院规定"，似也提供了一个符合《中华人民共和国立法法》要求的授权路径。

而对于船舶吨税的立法权，《中华人民共和国车船税法》却没有给出一个授权，仅在《中华人民共和国车船税法实施条例》中规定了"按照规定缴纳船舶吨税的机动船舶，自车船税法实施之日起5年内免征车船税"，这对于国务院来说是一种逾越，对于全国人大常委会而言则不能不说是立法的失误。

反观《国务院关于印发所得税收入分享改革方案的通知》，作为"规范中央和地方政府之间的分配关系"的重要法律文件，属于《中华人民共和国立法法》第八条规定的基本事项应无异议。而实践中应是将其视为1994年分税制决定的补充文件，因此在立法主体上也恰如其分地保持了一致。

在行政法规之外，国务院通过会议决定房产税的试点、营改增的试点以及地方债的试点（从代发到自发自还），这是一种以非常态的改革出现对法治状态的一种侵蚀。

(三) 地方人大的立法权缺失

检索立法法施行以来的地方性法规与规章，我们发现其在规范地方税收立法

---

① 李亚虹. 立法法：中国立法体制存在问题的解决之策吗？[J]. 香港法律杂志，2000：30.
② 其前身为《车辆购置附加费征收办法》（1985年4月2日国务院发布）。
③ 其前身为《中华人民共和国海关船舶吨税暂行办法》（1952年9月16日政务院财政经济委员会批准，1952年9月29日海关总署发布施行）。

权方面并无实质性约束力。根据《中华人民共和国立法法》的规定,我国现行的法制结构表现为国家的宪法、全国人大及其常委会制定的法律、国务院制定的行政法规、地方人大及其常委会制定的地方性法规[①]和国务院各部委制定的部门规章、地方政府制定的地方政府规章。

然而,2000年3月15日[②]之后的税收地方性立法的格局仍然沿袭了1994—2000年间的模式,地方性法规仅有三部[③];而地方政府规章有近百部[④],内容不仅涉及各个具体税种[⑤],也涵盖税收征管、税收保障等综合性规定。在这近百部的地方政府规章中,其制定规章的依据可以分为以下几类:

(1) 源于国务院(行政法规)的转授权。如《中华人民共和国个人所得税法》第五条关于减税的规定,"其他经国务院财政部门批准减税的"。而《中华人民共和国个人所得税法实施条例》将减征幅度和期限的立法权直接交由省、自治区、直辖市人民政府规定。

(2) 源于国务院(行政法规/常务会议)的直接授权,又可细分为修订类与新制定类。

对于修订类,主要由于国务院条例进行了修订,因此针对依据条例制定的地方规章的修订。综合性授权的主要体现为"施行细则由省、自治区、直辖市人民政府制定,抄送财政部备案"的表述,出现在《中华人民共和国城市维护建设税暂行条例》(1985)、《中华人民共和国车船使用税暂行条例》(1986)、《中华人民共和国房产税暂行条例》(1986)、《中华人民共和国耕地占用税暂行条例》(1987)、《中华人民共和国城镇土地使用税暂行条例》(1988)等。特定事项的授权如《中华人民共和国资源税暂行条例》(1994)只授权特定条件下的减免税事项,以及管理权限的完全下放,如牧业税。

对于新制定类,主要是上海、重庆房产税试点的两个办法。

(3) 源于法律的直接授权,《中华人民共和国车船税法》(2012)将适用税额、公共交通车船等的减免以及申报纳税期限明确授权给地方政府。

可以说,我国税收立法体制与税收分配体制各自呈现出了不同态势的集中,无论是财权的集中还是立法权的集中,彼此印证与强化,构成了我国税法改革的元制度。

---

① 省、自治区、直辖市的人民代表大会及其常务委员会根据本行政区域的具体情况和实际需要,在不同宪法、法律、行政法规相抵触的前提下,可以制定地方性法规。较大的市的人民代表大会及其常务委员会根据本市的具体情况和实际需要,在不同宪法、法律、行政法规和本省、自治区的地方性法规相抵触的前提下,可以制定地方性法规,报省、自治区的人民代表大会常务委员会批准后施行。

② 此处以立法法通过之日为数据统计始点,基于立法法正式施行前的辐射和示范效应。

③ 《山东省地方税收保障条例》(2010)、《长阳土家族自治县农业特产税征收管理条例》(2001)、《淄博市地方税收征收管理若干规定》(2000年3月31日通过)。

④ 根据北大法宝数据库检索结果,进行纠错、调整、合并而得。

⑤ 涉及税种有个人所得税、房产税、耕地占用税、城镇土地使用税、车船(使用)税、资源税、城市维护建设税、农业税(牧业税)等。

三、城镇化：从集中到分散的制度改革

（一）城镇化进程中的伦理缺失

什么是城镇化，毫无疑问物化指标构成了很重要的评价参数，从物化和可量化的角度来看即城市的建设，既包括城市公共空间的建设，也包括私人空间的建设，这些都离不开财力的支持，尤其是地方财政的支持。然而在税权集中的条件下，一方面，土地的不可流动性使得税收体系中直接或间接以土地为征税对象的税种多为地方税，无论是流转环节还是保有环节；另一方面，土地资源的有限性使得土地非税收入成为地方政府的重要财政来源，此即土地财政。虽然土地财政普遍存在于世界各个国家，只是具体的表现方式不一样。然而，在中国，土地所有制的差异使得土地不仅是有限的资源，更是垄断的资源，这种垄断性也强化了土地作为生产要素的资本信用；税权的集中，使得地方政府只能拓宽财源，土地财政既带来非税收入的财源，并且土地交易的增加也增长了税源。然而，通过出售土地未来的增值（70年），为城市公共服务的一次性投资融资，催生的是各种投机，于是土地财政就成为城镇化推进过程中异化的产物。

土地财政的催生，其根源可以说是1994年的分税制改革，压缩了地方政府税收比例的同时将当时规模很小的土地收益划给了地方，从而奠定了制度基础。收入划分的背后，实质是立法权的划分，地方政府在财权上的弱势，不仅表现为强制性收入（如税收）分配上的弱势，更表现为与收入决定权的隔离，与此同时基于所有者的身份在市场上拥有不受拘束的权利。地方政府权力（利）倒置的同时，也成就了城镇化制度建设的瓶颈。公权力层面的集中，伴随着公权力对私权利的管制、以权力为背景的公共性权利对私权利的侵入，带来的只能是空有GDP，却缺乏伦理建设的城镇。而城镇化所依赖的伦理精神，便是民主与法治。在一个城市涂有具象的空间里，缺乏身份的平等、缺乏决策的公开、缺乏权利的行使和表达，这并不能称之为城镇化的实现。

因此，城镇化实际上是一场从集中到分散的改革，权力从中央分散至地方，权利从政府分散至民众的制度建设。

（二）地方税收权力的独立性

1. 新一轮的地方税收危机

2012年以来的营业税改征增值税试点给地方带来的直接影响是税收收入的减少，虽然试点期间收入归属保持不变，营业税改征增值税收入受益主体仍然是地方，但这只是暂时性政策。随着试点企业经营的专业化和产业分工的细化，可抵扣的进项税额增加，增值税纳税额减少，地方税收收入也会随之减少。同时，作为营业税附加税费的城市维护建设税、教育费附加等税费，也会随着营业税改征增值税的扩大递减。

地方在收入减少的同时，针对税负加重的一些企业，地方政府普遍成立了专项扶持基金，如北京市的"营业税改征增值税试点改革财政扶持资金"，江苏省的

《江苏省省级企业营业税改征增值税试点过渡性财政专项扶持资金管理办法》等。这一切都将成为地方财政的新负担。

2. 地方人大的税收立法权

如果说地方对税收的收入权是城镇化的关键，那么地方治理体系的重建则是核心，这一核心又以地方立法权为中心。

2013年党的十八届三中全会公报提出"推进国家治理体系和治理能力现代化"，国家治理的主体可以从一元变为多元，国家的管理模式由垂直管理转向扁平化，带来了在税制改革方面的诸多可能性，即在中央集权的趋势下赋予了地方政府一定的自主权尤其是财政自主权，这一举措更可彰显公平、正义与和谐的深刻内涵。

同时，《决定》指出，"逐步增加有地方立法权的较大的市数量"；大的市的设立代表了中央对地方的放权，然而较大的市在我国分布极不均衡，带来的是"倾斜分权"。党的十一届三中全会决定意味着将扩大地方立法权行使主体的范围，然而如何防止主体范围的扩大却只带来地方政府立法权的扩大，关键便是重塑地方人大的立法权。

无论从税收法定原则出发，确立地方人大的税收立法权，实现地区居民在税收事项上更为直接的决定权，还是从党的十八届三中全会明确区域性公共服务作为地方事权，对匹配程度较高的财权的内在要求，在理论上都能为地方人大税收立法权找到立论所在。建构地方人大在地方税上的立法权，从而确立和确保地方的财力，才能构建完善的地方公共服务基础。

四、结语

城镇化作为一个系统工程，财税政策只是其中一个环节，却又依赖于更多的相关制度基础。本文分析了现行税制在宏观层面的不足，不仅是收入分配的不均衡，更是税权分配的不均衡，而地方立法权的缺失，不仅是导致地方非税体系掌握在行政机关手中，进而面临失控的原因之一；更是地方以及地方公民主体性丧失的重要原因。城镇化不仅是物的重建，而且是人的重建。以立法权和公共参与提升个人主体性，是人的城市化的关键环节。以独立的地方公共收入体系推进负责任的地方政府的建立，是城镇化系列制度的有力保障。

参考文献：

[1] 陈刚. 中国财政分权制度的法律经济学分析 [M]. 北京：经济科学出版社，2013.
[2] 李坤，於鼎丞. 我国大陆与台湾消费税之比较和借鉴 [J]. 经济纵横，2005 (1).
[3] 田发，周琛影. 完善政府间税收划分研究 [J]. 税务研究，2007 (2).
[4] 谷成. 财政分权下政府间税收划分的再思考 [J]. 财贸经济，2008 (4).

奢侈消费课税之经济效果与经验

杨子菡

内容提要：本文针对近年来国际间对奢侈消费课税之议题，进行经济面与制度面之研析。首先说明奢侈品的特性，并对奢侈消费课税所可能引发的经济效果进行理论分析。再从制度面，比较各国奢侈消费课税的立法缘起、政策目的、课税范围、方式及成效以及说明我国台湾地区奢侈消费税制之发展沿革。展望未来，在全球化经济发展、所得分配难以改善的趋势下，奢侈消费课税仍将是各国政府宣示税制公平和取得税收的选项之一。虽然其税基狭小、税收有限，仍具有促进社会公义，让享受高价或炫耀性商品的消费者，多分担社会维护成本，善尽社会责任的意义。

关键词：奢侈品；所得分配；税收弹性；租税转嫁

一、前言

20世纪末期以来，经济全球化快速发展，透过市场开放与生产分工，不但提升资源的使用效率，也带动国际贸易的加速成长。但与此同时，国与国之间的贫富差距，以及各国国内人民的贫富不均也愈发严重，出现了富者愈富、贫者愈贫，甚至贫富世袭的现象。贫富差距愈扩大，社会阶层间的对立与摩擦也愈剧烈，政府肩负社会救助与社会安全的支出负担也愈沉重。在此背景下，对有能力且实际享用昂贵消费产品与服务者加重课税，不但符合量能课税原则，也可实现社会正义，略微消弭社会不平之气。再者，经济发展下的赢家，常是社经环境下享用较多公共财与优惠待遇者，对其消费加重课税，也符合多受益者多付费的意思。在当前各国面对租税竞争，为吸引投资，鼓励产业经营，难以提高所得税率及消除所得税制内的租税优惠的情况下，对奢侈消费课税不失为提升租税公义之可行措施。

我国台湾地区对奢侈消费课税之缘起，最早可追溯至2003年台湾"行政院"财政改革委员会。当时之倡议，主要基于改善财政收入、宣示增进税制公平，建

作者简介：作者简介：杨子菡，台北大学财政学系教授。

议对某些高级娱乐与消费品课征特种销售税。其所建议之课税对象，包括高尔夫球具、高档汽车（新台币 150 万元以上）、大型重型机车（250cc 以上）与游艇等。[①]

2008 年 6 月台湾"行政院"为检讨改革租税制度，成立了赋税改革委员会，研议税制改革方案。同年 10 月通过降低遗产与赠与税税率案，以改善因遗产与赠与税税率过高所导致租税规避和资金外流的现象。但遗产与赠与税税率的降低，将使税制设计中原有的所得重分配功能受损，应有配套措施，因此提出包括对奢侈品课征特种销售税等多项建议，交由"财政部"进行评估设计。

与此同时，台北市税捐处由于现行房屋税的课征过于僵化，税额的计算与房屋市场价值严重脱节，导致相邻地段之平价住宅与高级豪宅，市价虽相差数百倍，房屋税负担却无不同，失去财产税依财产价值课税，平抑贫富差距之真意。也开始研议对金字塔顶端之富豪居住的豪宅，提高房屋税负的办法。被称之为豪宅税。由于此倡议获得舆论的普遍认同。对不动产持有或投机炒作的课税构想，虽然性质上并非奢侈消费，也被"财政部"纳入课税之范围。[②]

长期以来，为促进产业发展，我国台湾地方政府经常使用租税优惠作为政策工具，导致租税负担与租税负担能力（所得）间之配置严重失衡、高所得者享受低税负、甚至不需缴税的不公平现象。为得到社会大众对税制的支持，提高民众依法缴税的意愿，必须就税制的公平性重新加以考虑，使现有税制能在经济发展与租税公平间求取平衡。而对奢侈消费加重课税，一方面具有明确的宣示效果，另一方面在设计上可针对少数的高所得者，避免引发一般民众加税之疑虑，不失为可行方式。本研究首先对奢侈品的特性与奢侈税经济效果进行分析，再整理国内外相关研究文献，就各国对奢侈消费课税的立法缘起、政策目的、课税范围、方式及成效进行比较研究，并介绍我国台湾地区相关税制之内涵。由于奢侈消费课税在各国税制中，并非主要税收来源，不但税收比重不高，各国课征制度、方式、课税项目与标准等方面都有很大的歧异。本文也对各国相关制度做综合整理，作为未来进一步比较研究之参考。

二、奢侈品与奢侈税相关理论探讨

（一）奢侈品之界定

传统经济学区分奢侈品与必需品是以所得弹性的大小为判定标准。其中奢侈品的所得弹性大于 1，也即当所得增加 1% 时，奢侈品消费支出增加的幅度将大于 1%；但当所得减少 1% 时，则奢侈品的需求会下降 1% 以上。此外，随着经济发展与所得水平的提升，人们对商品的看法也会发生改变，昨日的奢侈品可能成为今

---

① 孙克难. 货物税课税项目之研究 [R]. 台湾"财政部"赋税署委托研究报告, 2003.
② 台湾现行特种货物及劳务税包含对不动产短期交易课税以抑制炒作投机，和对具有奢侈消费性质的货品与服务课税两部分。本研究仅针对货品与服务课税部分进行比较分析。

日的必需品。

另外，也有时尚业者将之定义为"一种超出人们生存与发展需要的范围，具有独特、稀有、珍奇等特点的消费品"，又称为非生活必需品。奢侈品所贩卖的是一种生活形式与品位的象征，含有高调或低调的炫耀性。商品销售的对象是高收入群、都市新中产阶级，以及对上层阶级生活品位具有认同感的人群。（禹静，2005）

Silverstein, Fiske and Butman（2003）则将奢侈品区分为旧奢侈品和新奢侈品。认为新奢侈品有质量、品牌、品味三品，且具有三种形态：容易取得的超优质品、旧奢侈品的品牌延伸、平价名品。其三者个别之特性见表1。

表1　　　　　　　　　　　新旧奢侈品和传统商品分类整理

类　别	新奢侈品	传统商品	旧奢侈品
消费者爱用程度	投入感情	普通	疏离
取得容易度	买得起	随处可见	具排他性
价格	价钱高一点	低成本	昂贵
品质	工艺级大量生产	大量生产	手工打造
社会基准	价值取向	人云亦云	精英阶级

数据来源：Silverstein, Fiske and Butman. 奢华，正在流行［M］. 陈正芬，译. 台北：台湾商智文化公司，2004：62.

上述分类，无论是以所得弹性还是以概念性的产品认知来定义奢侈品，都过于抽象。各国在课税实务上，大多以正面表列方式，将若干具有炫耀性且单品价格高者界定为奢侈品，作为课税的对象。以下再对奢侈消费课税之特性做进一步说明。

（二）奢侈消费课税之经济理论探讨

经济理论对奢侈消费课税之探讨甚早，在政策上以特种税制付诸实施的案例，最早可溯自18世纪英国对富人住宅课征的窗户税。历来对奢侈税特性的理论探讨，主要分为以下几个层面：

1. 奢侈消费课税的之税基与税制

奢侈税的课税对象，主要限定于仅有高所得阶层才会消费的商品或服务，避免课税及于一般民众的日常消费，故其税基相当狭窄。且由于奢侈消费之范围并无普遍接受的一致性标准，制定相关细则时，不免涉及主观判断。同时，随着经济发展程度的提高与人民生活水平的改善，人民对商品的购买能力提高，对奢侈品之认定标准随之改变，课税对象与标准也需加以调整，相关法令必须相应修正。观诸课征奢侈税之各国，其课税项目与税率均出现经常调整的现象，税制稳定性低。

2. 奢侈品消费的税收弹性

如前所述，经济理论认为奢侈品消费的所得弹性大于1，也即当所得提高时，奢侈消费支出会提高更多。因此，当经济形势好转时，奢侈消费增加愈快；但当经济衰退时，奢侈消费减少更多，难以获得足够税收。

同时，在既定所得水平下，奢侈消费的价格弹性相当小。由于奢侈消费通常具有炫耀性，当课税使价格上升时，奢侈消费支出不尽然会减少，造成的扭曲效果也较小。也就是说，当经济形势好转、所得水平稳定上升的情况下，课征奢侈消费税，应不至于对奢侈消费产业发生显著影响。由于奢侈品具有上述高所得弹性与低价格弹性的特征，使开征时机对税制之成败显得格外重要。

3. 奢侈税的转嫁与归宿

奢侈消费的租税负担，可透过交易时附加在价格上，由购买人承担，一般而言，应可顺利透过交易转嫁给最终消费者。但若因奢侈税的课征等因素，导致奢侈消费的显著减少，奢侈产业面临减产，甚至裁减员工，此时课税的负面效应，将转由提供奢侈消费的厂商和从业人员负担。如果发生此现象，奢侈税不但不能发生平衡租税负担与所得分配的效果，恐将打击奢侈消费产业的发展。美国在20世纪90年代初期开征奢侈税，导致游艇等产业的销售锐减，游艇的制造、设计、销售与维修部门大幅裁减员工，致使美国国会于1993年取消多数奢侈产品的特种销售税。

此外，奢侈消费实际上经常以企业费用支付，如大型企业或家族企业常以企业之名购置豪华汽车、私人飞机供高管或大股东使用，或将企业主管搭乘头等舱或出入奢侈娱乐场所之费用以企业支出报销，成为企业营运成本的一部分。如此一来，奢侈税的实际归宿则有可能落在购置该企业产出的购买者或消费者身上，不一定是由享用奢侈消费的高所得族群负担。

4. 奢侈税的区域替代效果

若奢侈税的课征对象为易于跨国境流动，不具有地方特色的产品（如名牌产品），则单一国家课征奢侈税，将使消费者在他国购买或消费，替代原本在本国的消费，不利于本国相关产业的发展。

5. 课征奢侈税的目的

各国课征奢侈税大多以增加财政收入为主，而以提高租税的累进性、平衡所得分配为辅。若干国家对进口为主的奢侈品课税，也有改善国际收支、建立地方产业的用意。对多数国家而言，以高所得者为对象，就奢侈消费课税，是在政治现实下无法提高所得税税率以支应财政所需时增加税收的良好工具。

三、主要国家和地区奢侈消费课税制度

世界上对奢侈消费课税，已有相当长的历史，课税税目与核课方式也各有不同，其中以美国对奢侈品课税的历史最为悠久，其发展沿革虽有特定的时空背景，仍具有重要参考价值。再者，位居东亚的韩国，在20世纪70年代后期经济发展起飞之时，即对奢侈消费开征特别税，经历多次的修订，至今已有将近三十年的历史，其发展轨迹，也有值得借鉴之处。此外，澳洲自2000年起课征豪华汽车税，

除为政府带来稳定税收,其课征方式已成为各国仿效的对象。

(一) 美国奢侈消费课税制度与沿革

美国联邦政府对奢侈消费课征特种销售税的历史由来甚久,最早可溯自南北战争时期。由于内战的庞大支出,美国联邦政府对奢侈消费课征较高税率的特种销售税,以有别于其他一般商品的较低税率。在美西战争期间,美国联邦政府将进入剧院、保龄球馆与桥牌馆,以及其他娱乐场所等也纳入特种销售税的课税范围。在第一次世界大战、第二次世界大战与韩战期间,也曾以扩大奢侈消费课税范围与提高税率方式取得税收。此外,在20世纪30年代经济大萧条期间,由于生产紧缩与失业率大幅增加,使所得税收入严重下跌,当时一半以上的联邦税收均来自于制造阶段课征的销售税,美国联邦政府也对小客车、化妆品、珠宝、皮毛、运动器材与家用电器等奢侈品加重课税。但在战后和经济危机解除后,美国国会即提出法案降低或取消对多数奢侈商品的课税。

奢侈消费在美国近代历史上再度扮演显著的角色。在20世纪90年代,美国联邦政府预算连续出现大规模的预算赤字。为增加税收,1990年美国国会通过预算调和综合法案(Omnibus Budget Reconciliation Act 1990),除对烟酒、能源与会排放伤害臭氧层的化学品等具有公共卫生和环保意义的产品加重课税外,也恢复对豪华汽车、游艇、飞机、珠宝及皮毛五种产品课征特种销售税。但随后在1993年的修正案(Omnibus Budget Reconciliation Act 1993)中取消对大多数的奢侈品课税,仅留下豪华汽车一项。后续年度的税法修正案复决议自1996年起,豪华汽车的销售税税率每年下降1个百分点,至2002年全部取消。

美国联邦税制中对奢侈消费课税之范围与税率,经历多次的更迭,反映出政府部门对奢侈定义的思考与修正。以下就联邦政府在1918年第一次世界大战期间、1932年经济大萧条期间和1990年对奢侈商品预算赤字期间对奢侈消费课税之规定予以说明。

1. 1918年税收法案

1918年税收法案为应第一次世界大战之支出需求,扩大对各产品的课税,因此本法案中所涵盖之奢侈消费课税的范围,在历年中最为广泛。在当时的销售税制中,因具有奢侈性质而被加重课税的项目包括奢侈服务和奢侈商品两类。后者又以起征时点之不同,分为对奢侈服务课税、在制造阶段课税和在零售阶段课税。

(1) 对奢侈服务课税

本法案对一般服务消费课征1%的一般入场税,但对电影院、剧场、游乐场及有歌舞表演的酒吧等课征附加税,对私人俱乐部入会费或经常会费超过10美元以上者,则应缴纳10%的税负。除了销售税外,对打牌行为也课征8%的印花税。

(2) 对奢侈商品在制造阶段课税

在制造阶段课征特种销售税的产品项目很多,共计有3%、5%、和10%三级税率。各项应税产品中,属生活必须或普罗大众经常消费的项目课征3%的较低税率,对较高级的消费(如糖果、手提电风扇)课以第二级税率(5%),对具有较明显的奢侈消费性质，仅高所得者能负担者，如运动器材、狩猎用具等，则课以最高等级的税率（10%）。此外，也对烟草产品另立税目，于制造和进口阶段课征重税。

（3）对奢侈商品在零售阶段课税

在零售阶段课税的商品部分，大致分为两类：第一类不论价格高低均应课税，并有不同税率，如对一般矿泉水、苏打水和、冰淇淋课征1%的销售税，但对瓶装饮料则课以10%的高税率，对烈酒也另立酒税课以高税负。此外珠宝、化妆品也在课税之列。第二类仅对价格超过一定金额者课税，如服装、配件及家用品则只对高单价商品课税，如地毯（一码5美元以上）、鞋靴（10美元以上）、男帽（5美元以上）、女帽（15美元以上）、雨伞（4美元以上）等。

依据美国联邦政府的税收统计，由于1918年税收法案的实施，使销售税税收大幅增加，由1914年的3.09亿美元增加到1919年的11.39亿美元，至1920年税收总金额达到12.5亿美元的最高峰。但因美国经济在第一次世界大战后逐步提升，所得持续成长，销售税占联邦总税收的重要性则由46%降为22%。

第一次世界大战结束后，美国国会于1921年、1924年、1926年及1928年陆续提出修正案，降低或取消各项特种销售税之课征，使其重要性逐渐降低。

2. 1932年税收法案（经济大萧条期间）

1929年美国经济大萧条，重创政府预算收入，特别是所得税收入严重下挫。为挽救政府预算赤字，美国国会于1932年提出之税收法案即恢复了第一次世界大战期间大多数的制造阶段销售税项目，并加上新的课税项目。新增项目包括火柴、汽油、电力能源、收音机和家用电冰箱、珠宝、毛皮和化妆品。

此一高税率政策为美国联邦政府取得相当多的税收。以1934年为例，销售税收入占当年度联邦税收的56%，金额高达12.88亿美元。其中，烟草税收入为4.25亿美元，酒税为2.59亿美元，制造阶段销售税为3.85亿美元，另有2.18亿美元来自入场税、印花税及其他特种销售税。

3. 1990年税收法案（预算调和综合法案）

为改善20世纪80年代以来美国联邦政府持续出现巨额的预算赤字，美国国会于1990年提出综合预算修正案，提出多项具有不同政策意义的特种销售税，包括有寓禁于征意义者（如烟草及酒精饮料）、环保意义者（能源及会排放破坏臭氧层气体之化学品等）、用户付费意义者以及对奢侈消费课税等。其中具有重课奢侈消费性质者，均为对超过固定金额的高单价品课税，包括对单价超过1万美元的珠宝和皮毛、单价超过3万美元的豪华轿车、10万美元的游艇和25万美元的飞机课征10%的销售税。但若这些运输工具是使用于贸易、企业营运、政府公务和公益性质者，则免予课征。

由于自1990年起，皮毛、珠宝、游艇、飞机和豪华汽车五个产业的销售值明显下降。反对者认为，此现象是由于奢侈税的课征所导致。他们认为，上述奢侈消费产业之销售额下降，损害了相关从业人员（含制造、设计、销售、修理、保养服务等）的所得与就业机会，使得奢侈税的课征，不但未能达到增加高所得者税负，反而伤害了属于中低所得者的相关产业劳工的利益。美国国会接受此一论点，在1993年的预算调和综合法案（Omnibus Budget Reconciliation Act 1993）中取消对大多数的奢侈品课税，仅留下对豪华汽车一项，并增列对豪华汽车起征点价格按通货膨胀指数调整的条文。留下此项目的主要原因，可能是因它能带来相当可观的税收。1996年的小企业就业保护法案（Small Business Job Protection Act of 1996）则规定自1996年8月27日起，豪华汽车的销售税税率降为9%（原为10%），此后每年下降一个百分点，至2002年取消课税。1997年的纳税人松绑法案（Taxpayer Relief Act 1997）也先行取消对豪华汽车后续加装配备合计未满1000美元之课税。

税收方面，1991—1995年，对上述五项奢侈商品课征的税收合计约为14.79亿美元，远低于同一期间的酒税收入（87.68亿美元）和烟草税收入（58.76亿美元）。而上述的奢侈税收入绝大多数来自对豪华汽车之课税。

4. 1990年预算调和综合法案中奢侈税之争议

依据1990年预算调和综合法案所实施的多项特种销售税中，在奢侈税的部分引起诸多批评，认为立法过程迁就税务行政便利等考虑，仅选择皮毛、珠宝、游艇、飞机和豪华汽车五项产品课征，对雀屏中选的这五大产业带来严重负面影响。以游艇业为例，1990年通过税收法案后，佛罗里达州（美国最大的游艇制造州）当年年底即因销售额下跌而裁减20%以上的员工。批评者认为，联邦政府决议不对家电用品课税，是着眼于其经销模式过于多样化，产品种类也相当多，管理与界定不易，因此放弃对其课税。将税负集中在此五项产业之高单价产品上，而且明确以奢侈税为税目，具有贴标签之意思。同时，超额课征的规定，易引起消费者的误解。例如，税法对单价超过3万美元的豪华汽车课税，使得消费者误以为购买3万美元的汽车要额外负担0.3万美元的奢侈税。其实只要未超过3万美元，完全不需缴税。此外，消费者也忧虑未来政府会因税收需要而降低课税门槛。这些都使得较高金额的车型或船型销售大受影响。

此外，课税的管理成本也相当惊人。以轿车奢侈税为例，它是以新车的零售价为基础课税，但若车主加装零组件或附属设备，使车辆价值提高，也应缴纳额外税捐。此举是为避免消费者以事后加装方式逃避税负。此外，税法将租车业者视为销售者，对提供租赁的车辆课税，也使从业者感到不满，认为此待遇不公平地增加业者负担，毕竟租赁使用频率不同，业者收益也不同。再者，税法中对营业用途的车辆之减免规定，在稽征实务上也增加很高的税务行政成本，相关施行细则中明订为享受免税待遇应禁止之使用行为，或营业用途与其他用途之使用比例等。稽征机关为监测车主之使用情况，也增加不少的执行成本。

此外，轿车奢侈税的课征也引起欧洲车制造商的强烈抗议。由于美国轿车市场上超过3万美元的轿车约80%均为自欧洲进口，欧洲商会扬言调查此举的针对性是否违反关税及贸易总协定的规定，惟最终并没有成案。

相较于轿车、游艇和飞机,珠宝与毛皮较明显是以个人炫耀性的享用为目的,课征奢侈税争议较少。只有前者在使用时须取得使用执照,不易逃漏。珠宝的课税内涵,包含手表、客制化珠宝,以及由顾客提供原料制作的珠宝成品,均按总价(若合理市价超过门槛价格)课税。若旧有珠宝或毛皮变更设计或重制为流行式样,均视为新品,也需按总额课税。

(二)韩国奢侈消费课税制度与沿革

韩国对奢侈商品之消费,以及进入奢华娱乐场所之入场行为,采取单独立法,从高课税的方式处理。其课税缘起于1976年12月22日制定的《特别消费税法》,以及随后制定的行政法规《特别消费税法施行令》及《特别消费税法施行规则》,叙明相关课征办法与事项。并自1977年7月1日开始施行。迄今已三十余年。特别消费税实施之后,历经多次修订,于2007年12月31日第19次修正时,将税制名称由特别消费税改名为个别消费税。兹就韩国建立特别消费税与个别消费税等税制之政策目标和发展沿革、税目、课征目标与税率、课征方式、税收概况、课税效果评估及经济效果等说明如下。

1. 课征特别消费税政策目标

韩国的消费税制度包含一般消费税及个别消费税两大系统。前者原则上以所有的财货与劳务为课征目标,课征10%的单一税率的加值税;后者则对特定财货与劳务选择性的课征,税目包括特别消费税、酒税、电话税、印花税、香烟消费税等。个别消费税系统的基本目的,除为获取财政收入之外,也可弥补加值税因具累退性、无法发挥所得与财富重分配功能的缺点。此外,也具有如抑制奢侈消费、降低不利公共利益之财货与劳务的消费,或对具有外部成本之消费,将外部成本以课税方式予以内部化等之政策意涵。其中,特别消费税系对高所得阶层之奢侈消费为对象,对多属进口之奢侈商品课征。其目的除上述降低加值税累退性及增加税收之外,也有谋求进口替代及保护国内相关幼稚产业(如精品业)之目的。

2. 韩国建立特别消费税制的发展沿革

韩国自1977年7月1日开征加值税的同时,一并开征特别消费税。由于奢侈品的价格弹性较低,因课税所产生的扭曲效果有限,对经济效率的影响不大。以此收入来源替代扭曲效果较强的租税,也有缩小外部不经济及纠正扭曲的资源分配效果。此外,由于奢侈商品多来自进口,重课奢侈消费也有助于改善国际收支。

进入20世纪90年代后,韩国平均每人GDP突破1万美元。随着国民所得增加以及消费结构的改变,过去属于奢侈商品,有些已转变为一般性消费品,若继续对其课税,不仅无助于改善租税负担的累退性,并且会引起中所得阶层消费者的不满。因此,自20世纪90年代中期以来,韩国几乎每年修正"特别消费税法"。甚至在2007年修正时,更名为"个别消费税法",以避免奢侈消费定义的争议。韩国从1976年12月22日制定《特别消费税法》起,至更名为《个别消费税》前,共历经19次修正,分别发生于1978年、1981年、1982年、1986年、

1988年、1993年、1995年、1997年、1998年、1999年、2000年、2001年、2002年、2003年、2004年、2005年、2006年、2007年。历次修正之主要内容为以下六项：①调整课征目标（产品项目）、简化与降低税率；②扩大免税项目，简化外销物品之免税手续；③实施暂定税率制度；④调整课征品目之细部目录；⑤简化开业、停业申报义务，提高纳税义务人方便性；⑥简化纳税手续。

历次的税制调整中，以第一项调整课征目标及税率之修正次数最多，实施暂定税率制度之修正居次。由此可见，税制内涵更迭之频繁，以及为认定课税对象所产生税务行政负担之繁重。

2007年改制更名的重大修正，除考虑社会环境之变迁，主要是为配合韩国与美国签订自由贸易协议（Free Trade Agreement，FTA）之相关规定予以修订。韩国财政经济部于2007年9月向国会提交本法修正案时指出，特别消费税之课征目的，系在于纾缓加值税施行所造成之累退性，以及抑制高级奢侈品之消费。但考虑伴随经济发展，民众对生活质量的需求不断增加，故将矫正环境污染等外部不经济的功能纳入，并将税制名称改为个别消费税。此外，并对课税内容与税率做以下的调整：①基于课税公平之立场，对同属奢华性娱乐之赛帆场入场纳入课税范围，俾与赛车场入场课征入场税的待遇相同。②配合美、韩两国政府于2007年4月30日签署自由贸易协议，调降轿车特别消费税税率。韩美FTA协定生效时，将2 000cc以上轿车之特别消费税率由原来的10%降至8%；其后三年每年调降1个百分点；另800cc~1 000cc轿车税率也由原来的5%改为完全免除。③考虑农渔村及一般百姓暖房常用之煤油的特别消费税高于液化天然气（LNG）的特别消费率，有必要调降煤油税率。由原来的每公升181韩元调降至每公升90韩元。再制燃料油税率由原来的每公升147韩元降至90韩元，2010年再降至66韩元。④简化特别消费税缴纳核准手续，改善行政运作上所产生之部分问题。

3. 课征目标与税率

特别消费税法或个别消费税的课征时点，除入场税是购票进场时课征外，商品部分主要是对制造商于出厂时课税，少数也有在零售阶段课征者。随着历年多次修正，不仅课征目标改变，税率也做过调整。兹就1976年12月22日首次制定的《特别消费税法》、2007年12月31日修正的《个别消费税法》以及2009年1月30日修正的《个别消费税法》的课征目标与税率列于表2。

表2　　　　　　　　韩国特别消费税与个别消费税之课征目标及税率

课 征 标 的	税 率		
	1977年	2008年	2010年
投币机、娱乐用博弈机器及其他娱乐用品	物品价格的100%	物品价格的20%	物品价格的28%
撞球及高尔夫用品及打猎用枪弹类	物品价格的100%	物品价格的20%（仅打猎用枪弹）	物品价格的28%（仅打猎用枪弹）

表2(续)

课征标的	税率 1977年	税率 2008年	税率 2010年
空气调节机及其相关制品	物品价格的40%	—	—
投影机、摄影机及其相关制品	物品价格的30%	—	—
电视机	物品价格的30%	—	—
鹿茸	物品价格的25%	物品价格的7%	物品价格的9%
芳香用化妆品	物品价格的20%	物品价格的7%	物品价格的9%
宝石(工业用宝石除外)、珍珠、鳖甲、珊瑚、琥珀、象牙及其制品	课税价格的100%	课税价格的20%	课税价格的26%
贵金属制品	课税价格的30%	课税价格的20%	课税价格的26%
高级相机及其相关制品*	课税价格的30%	课税价格的20%	课税价格的26%
高级手表*	课税价格的30%	课税价格的20%	课税价格的26%
高级毛皮及其制品(兔毛皮及其制品、生毛皮除外)*	课税价格的100%	课税价格的20%	课税价格的28%
高级丝绒*	课税价格的100%	课税价格的20%	课税价格的26%
高级家具*	课税价格的20%	课税价格的20%	课税价格的28%
咖啡、可可亚、砂糖及饮料等	物品价格20%~40%	—	—
排气量在2 000cc以上轿车及露营用汽车	物品价格的40%	物品价格的10%	物品价格的13%
排气量在1 500cc以上、2 000cc以下轿车	物品价格的20%	物品价格的5%	物品价格的6.5%
排气量在1 500cc以下及轿车	物品价格的15%	物品价格的5%	物品价格的6.5%
汽油及其类似之替代油品	物品价格的160%	每公升630韩元	每公升550韩元
柴油及其类似之替代油品	物品价格的10%	每公升454韩元	每公升391韩元
煤油及其类似之替代油品	物品价格的10%	每公升90韩元	每公升104韩元
重油及其类似之替代油品	物品价格的10%	每公升17韩元	每公升20韩元
液化瓦斯	物品价格的10%	每千克40韩元	每千克20韩元
丁烷(butane)	物品价格的10%	每千克360韩元	每千克290韩元
天然瓦斯	物品价格的10%	每千克60韩元	每千克60韩元
赛马场(每人次)	入场费的50%	500韩元	600韩元
蒸气浴(每人次)	入场费的100%	—	—
设投币机之场所(每人次)	500韩元	10 000韩元	13 000韩元
高尔夫球场(每人次)	3 000韩元	12 000韩元	19 200韩元
博弈赌场(每人次)	本国人:15 000韩元 外国人:1 000韩元	本国人:50 000韩元 外国人:2 000韩元	本国人:65 000韩元 外国人:2 600韩元

表2(续)

课 征 标 的	税 率		
	1977年	2008年	2010年
赛车场（每人次）	本国人：15 000韩元 外国人：1 000韩元	200韩元	260韩元
酒店、外国人专用饮食店及其他类似场所	本国人：15 000韩元 外国人：1 000韩元	餐费的10%	餐费的13%

注：①"高级"一词系指商品价格在一定金额以上者。依1977年特别消费税规定，一个高级手表、高级相机、毛皮、家具等进口价格或出厂价格在15万韩元以上者，即应课征20%~100%不等的特别消费税。此类商品课税，系仅对超额部分计入课税价格课税。

②韩美自由贸易协议生效后，小客车税率按协议内容降为2000cc以上为8%，800cc~1000cc免税。

数据来源：韩国1977年《特别消费税法》、2008年《特别消费税法》及2009年《个别消费税法》。

比较这三个阶段的课税目标与税率结构，可以发现以下两个特点：①课税项目方面，早期对空气调节机、摄影机、电视机及甜食饮料等商品课税，也对蒸气浴课征入场费100%的税，后期已将这些项目删除，不再课税。②税率级距方面，1977年实施之初税率共分八级（10%、20%、25%、30%、40%、50%、100%及160%），至2008年简化为四级，且大幅降低税率，为5%、7%、10%和20%，并将油气类产品改为定额课征。但2010年又将税率级距增加为六级，并提高税率为6.5%、7%、9%、13%、26%、28%。

税收方面，从金额来看，大致呈现成长趋势，从20世纪90年代的2~3兆韩元扩增到2000年的4~5兆韩元。但会受景气兴衰影响而有波动。再从特别消费税收入占国税总收入之比重来看，大致呈现下滑趋势，至2007年已降为3.2%（见表3），为近13年来之新低。在韩美自由贸易协议生效后，由于对税收主要来源的小客车降低税率，使其税收重要性进一步降低。

表3　　　　韩国特别（个别）消费税占国税比重的变动

年度	国税收入	特别（个别）消费税收入	
	金额（亿韩元）	金额（亿韩元）	占国税比重（%）
1994年	472 617	24 456	4.3
1999年	756 580	27 133	3.6
2004年	1 177 957	45 740	3.9
2007年	1 614 591	51 611	3.2

数据来源：韩国财政部。

（三）澳大利亚豪华汽车税制度

澳大利亚自2000年7月1日起实施一般财货劳务税，同时开征豪华汽车税（luxury car tax）。豪华汽车的定义是车价在一定金额以上、车重2吨以下、承载9人以下的汽车，包含旅行汽车、轻型卡车以及不论载客容量的大型豪华轿车。但车龄超过2年者、救护车、消防车、原设计非载客用的商用车辆、汽车房屋、露营车和私人出售豪华汽车都被排除在外。2006—2007年，豪华汽车的门槛是57 009澳币（约合新台币164万元），税率为25%；2007—2008年，豪华汽车的门槛提高为57 123澳币；2008年7月1日起再提高为57 180澳币，同时为缓解财政压力，税率提高为33%。但是从2008年10月3日起，车价在75 000澳币（约合新台币215万元）以下的部分节能车种，免课豪华汽车税，但车价超过75 000澳币的节能车种，仍需缴豪华汽车税，每年征得近2亿澳币的税收，对财政收入有不少的挹注。

（四）我国台湾地区奢侈消费课税制度与沿革

我国台湾地区对奢侈消费课税制度的建立，是于2011年4月"特种货物及劳务税条例"（简称特销税）完成立法后，于同年6月正式实施。其课税的对象，除了奢侈性商品与劳务外，还包括具有投机性质的不动产短期交易。严格而言，不动产短期交易并不属于消费范畴，因此，本文仅对商品与劳务部分予以说明。

特销税对商品与劳务课税的项目相当简单明确，包括四个品项：①价格新台币300万元以上的小客车、游艇、飞机、直升机和超轻型载具；②价格新台币50万元以上之家具；③价格新台币50万元以上之龟壳、玳瑁、珊瑚、象牙、毛皮及其产制品；④价格新台币50万元以上且不可退还之入会权利，如高尔夫球证、休闲或餐饮俱乐部会员证。均按销售价格的10%课征。课税时点为产品出厂或进口时，由产制厂商或进口人缴纳。劳务部分则在初次销售入会权利时，由营业人缴纳。

至于原先所规划，非属保育类产品的珠宝（如珍珠钻石等）、贵金属饰品及名牌产品，考虑到课征后将导致国人以境外购买取代国内采购，不利于国内相关业者的生存发展，因此未纳入课税范围。

税收方面，特销税收入约七成来自不动产短期交易课税，三成来自商品劳务课税。商品劳务课税的税收主要来自高价小客车进口，此特征与韩国及其他多数对奢侈消费课税的国家相似。主要原因为小客车需取得牌照才能使用，可确实掌握课税目标。实施迄今，税收金额相当有限。如表4所示，自2011年实施以来，本项税收占总税课收入的比重仅为0.2%~0.3%。对需求面的影响，不动产的短期（投机性）交易确实明显减少，但奢侈商品的交易，如小汽车进口数量，则似乎并未因税负提高受到冲击，符合奢侈品价格弹性低的特性。

表4　　　　　　　　　台湾地区特种货物及劳务税收入

年度	小客车课税收入（新台币亿元）	本项税收总额（新台币亿元）	本项税收总额占总税课收入比重（%）
2011（6~12月）	8	22	0.22
2012	13	43	0.25
2013	17	53	0.30
2014（1~8月）	—	32	0.25

四、奢侈消费课税制度综合研析

奢侈税虽非各国普遍经常课征之制度，但曾为多个国家的中央与地方政府所采用，累积相当多的历史经验，制度设计也颇为多元。本节首先就各国课税动机与课税方式等加以归纳，分别论述。

在课税动机方面，各国政府开征奢侈税，均以获取财政收入为主要动机，奢侈税税收也在各国无法提高所得税收入之际，提供了良好的税收来源。除了收入动机之外，奢侈税也常作为促进社会公平、改善所得分配之政策工具。特别是所得分配不均程度高的国家，如韩国等，已持续实施奢侈消费课税届满十年以上，此举也较能获得民众的支持。对发展中国家或新兴工业化国家而言，由于奢侈品多来自进口，课征奢侈税也有改善国际收支与谋求进口替代之目的。

在课税方式方面，各国奢侈消费课税之方式相当多元，在课征法制方面，有以下几种：

(1) 设立个别的特种销售税制，针对奢侈消费课税。

(2) 将奢侈消费课税涵盖在一般销售税或加值税制度中，以较高税率课征。

(3) 在单一特种销售税中，与因其他政策目的（如环保及矫正外部性等目的）课征的产品，同列为课税目标。

(4) 将奢侈耐久商品或财产的持有，视为奢侈消费的持续享用，如豪宅视为享用奢侈的居住服务的目标物，在财产税或其他相关税制中加重课征。

在课征时点方面，一般而言，对奢侈服务消费课税，各国大多选在入场时课征，如韩国对打高尔夫球，美国对剧院消费，都选在入场时课征。对餐饮消费，则纳入总消费额计征。对奢侈商品消费方面，则有选在制造阶段（出厂时）、批发阶段（销售给零售商时）和零售阶段（销售给最终消费者时）三个阶段课征。多数国家选在制造阶段或零售阶段课税。在制造阶段课征，有课征对象易于掌握且家数少，课征较为便利的好处，但也引发三个问题。①完成生产时交易尚未发生，也未有销售收入，在此时点课税不利于厂商的资金运用。②在此阶段课征将诱发厂商将税基缩至最小，也即在出厂时仅具最基本的产品形态，将具有奢侈质的各种多样化或客制化选择放在后续阶段，使得最终消费价值和出厂价出现大幅差距。美国过去对货车与小客车课税即发生此情况，因此后来将课征时点改为零售阶段，并将销售后的附加配件也纳入课征范围。③在制造阶段课税，将难以按用途别给予不同的待遇，如对公益用途给予减免等。

若在零售阶段课征，由于零售商的家数多、在地理上较为分散，营业额规模相对较小，稽核成本和防止逃漏的成本均将大幅增加。但可化解上述三项在制造阶段课征所产生的问题。且零售价格较出厂价高，可有效扩大税基。从实际税收规模来看，以美国为例，其历年来从制造阶段所征起的特种销售税金额远高于来自零售阶段的税收。

在课税范围方面，各国对奢侈行为的认定并不一致，由于各项商品都有不同价位与质量的选择，哪些项目与价位应视为奢侈品，并无公认之标准。即使同一国家，课税项目与价位标准也常有更动。最为常见的项目为豪华汽车，主要原因是高价汽车公认有超越运输功能的炫耀性，且需取得使用牌照，税基容易掌握，不易逃漏。其他如游艇、私人飞机也有相同的情形。此外，高价珠宝钟表既非必需品，又具有明显的炫耀性质，故也常被列为课税目标。由于其体积较小，且以少量及技术劳力密集的方式生产，交易纪录较难掌握，税务行政成本较高。2008年以来，美国各州政府对高价珠宝钟表课征奢侈税的拟议四起，但在珠宝公会的强而有力的游说下，最后均未获通过。

五、结语

我国台湾地区于2011年对奢侈消费课税之缘起，系因于赋税改革委员会通过降低遗产与赠与税，使税制原有之所得与财富重分配功能降低，所提出的改善配套措施。参酌奢侈消费课税之经济理论，对奢侈消费课税因奢侈品价格弹性低，扭曲效果小，从经济效率面而言，不失为良好的课税对象。但会面临经济成长、人民生活改善后，对奢侈消费定义与看法的改变，必需持续修正课税目标和税率，而有税制不稳定的现象。此外，也需注意税负会透过不同管道转嫁，最终实际负担可能落在非高所得者的相关产业从业人员身上的问题。

综观各个国家和地区的相关税制，发现奢侈消费课税曾为许多国家实行，除能改善所得分配外，也能增益政府税收。各个国家和地区中，以美国在20世纪初第一世界大战与经济大萧条期间对奢侈消费课税，可谓建制最早。后来也有数次课征，但在财政压力缓解后，即予以取消。目前对奢侈消费课征特种销售税之国家，包括韩国（自1977年起实施）、澳大利亚（豪华汽车税，自2000年起实施）等。若考虑广义的奢侈消费课税，则有更多国家在一般消费税与财产税制中纳入重课奢侈消费（含居住服务之消费），或对高档商品与普通商品课征差别税率之规定。我国台湾地区的相关税制在设计过程中，经过广泛的讨论与沟通，最终决定仅对少数高价产品，于出厂和进口时以单一比例（10%）课税。税制内涵简单明确，税务行政争议少，易于执行。由于这些商品或服务并非一般民众的购买选项，不会对中产阶级的行为课税，因此推动过程相当顺利。也因为项目少，税率不高，税收贡献相当有限。

展望未来，奢侈消费课税在全球化经济发展、所得分配难以改善的趋势下，仍将是政府宣示增进税制公平和取得税收的选项之一。虽然其税基狭小、税收有限，仍具有促进社会公义，让有能力享受高价或炫耀性商品的消费者，多分担社会维护成本，善尽社会责任的意义。

参考文献：

[1] 肖璐, 向凯雄. 论奢侈品消费税 [J]. 当代经济, 7（下）: 122-123.

[2] 林颖, 巴桑卓玛. 消费税课税范围的设定原则 [J]. 税务研究, 2008 (5): 59-60.

[3] 禹静. 绝对奢华百年品牌 GUCCI 新摩登时尚主义——跨越世纪荣耀象征 [M]. 台北: 台湾维德文化出版公司, 2005.

[4] 赖基福. 不动产特销税实施成效分析 [J]. 当代财政, 2013 (25): 96-100.

[5] 孙克难. 货物税课税项目之研究 [R]. 台湾"财政部"赋税署委托研究报告, 2003.

[6] 闻媛. 我国奢侈税的政策目标与现实效应差异分析 [J]. 税务与经济, 2007 (154): 86-89.

[7] DiRe, Elda. Luxury tax (Federal Taxation), The CPA Journal Online, Oct. 1991.

[8] McCouat, Philip. Australian Master GST guide 2004, 5th ed. McPherson's Printing Group, Australia, 2004.

[9] OECD. Consumption Tax Trend 2008, OECD Publishing, 2008.

[10] Talley, L. A. Excise Taxation of Luxury Goods: A History and Economic Assessment, Congressional Research Service Report for Congress, U. S. A., 1999.

[11] Talley, L. A. Luxury Excise Tax on Passenger Vehicles, Congressional Research Service Report, RS20314, U. S. A., 2002.

科技公共服务支出的区域差异研究

崔惠玉　程艳杰

内容提要：科技是第一生产力，科学技术的普及和提高是国家综合国力提高的重要标志。为了逐步实现我国基本公共服务均等化的长远目标，科技公共服务支出区域差异的逐渐缩小具有重要的现实意义。本文运用泰尔指数及差异系数对我国不同区域（东部、中部和西部）地方政府科技公共服务支出情况进行分析，比较了区域间和区域内地方政府科技公共服务支出的均等化程度，并对如何提高科技公共服务均等化水平提出相应的政策建议。

关键词：科技公共服务支出；公共服务均等化；泰尔指数

一、已有研究回顾

近年来关于科技公共服务均等化以及我国科技资源配置的差异方面，学者们进行了一定的研究。主要从以下几个方面展开：

（1）关于科技资源配置差异的研究。牛树海等（2004）运用主成分分析方法得到科技财力资源、科技人力资源、科技资源配置效果和科技资源配置强度的综合得分。利用GIS方法对科技资源配置作图，得到中国科技资源配置的区域差异分布图，图示表明科技资源的区域差异与东、中、西部地区经济发展差异状况基本一致。徐建国（2005）根据不同区域具有的科技发展特征，把我国科技资源分布分为中央科技极、沿海科技带、内陆科技圈、科技发展区和科技欠发达区五类科技区域，通过直接比较、变异系数方法分析五类区域GDP和R&D经费投入差异；同时通过对比各省科技首位度与经济首位度的比值发现，绝大多数省区科技首位度/经济首位度大于1，科技活动比经济活动更加集中。魏守华（2008）运用集中度指数、静态不平衡差指数、综合差异系数和基尼系数四个指标定量评价1998—2004年

作者简介：崔惠玉，东北财经大学财税学院教授、财政系主任；程艳杰，东北财经大学财税学院研究生。

基金项目：本文是辽宁省科技厅项目"基于科技创新的政府基本公共服务问题研究"的阶段性成果，同时受到辽宁省高等学校优秀人才支持计划的支持。

区域科技资源（R&D 经费）的空间分布特征，结果表明科技差距大于经济差距。陈修颖（2012）运用主成分分析方法分析了浙江省各地级市科技资源的空间分布状况，结果显示浙东北的科技资源明显高于浙西南。卢山（2014）采用因子分析法对江苏沿海地区科技资源存量配置能力进行了测度，测度结果表明科技资源的分布与经济发展程度高度相关。

（2）关于科技资源配置效率差异的研究。李冬梅（2003）选取 2 个科技投入指标和 5 个科技产出指标，运用主成分分析等方法计算产出与投入的比率，结果显示科技投入少的地区一般效率比较高。魏守华等（2005）在对李冬梅的研究方法进行改善的基础上，对全国各省的科技资源配置效率进行测度，测度结果表明区域科技资源配置效率大体呈东、中、西地带性分布。但也有特例，如海南在科技资源低投入的情况下却有最高的科技资源配置效率。范斐等（2012）通过选取科技资源投入指标和科技资源产出指标，运用突变级数法对我国各省科技资源配置效率的相对效果进行了测算，结果发现科技资源配置效率相对较高的地区大都位于东部地区，科技资源配置效率相对较低的地区以西部地区为主，而中部地区的科技资源配置效率大都处于中等水平。范斐、杜德斌等（2013）运用改进的数据包络分析方法计算了全国 286 个地级以上城市不同时期的科技资源配置效率，并借助探索性空间数据分析方法（ESDA）分析了各城市科技资源配置效率的空间分布格局，结果表明科技资源平均配置效率与城市群存在较好拟合，且科技资源配置相对效率的差异是区域发展的普遍现象。孟卫东等（2013）运用 DEA-Tobit 两步法，综合评价了 2010 年我国 30 个省、市、自治区的科技资源配置效率。研究结果表明：科技资源配置效率与区域开放程度、高技术产业发展等因素成正相关；而区域经济发展水平对区域科技资源配置效率有负显著影响。

（3）关于我国科技公共服务均等化的研究。陈云菲（2009）主要对科普资源的均等化程度进行了分析，通过建立衡量基本科技公共服务均等化的指标体系，并计算出了各地区科普投入、科普资源、科普活动、科普传媒的变异系数，得出我国各地区科技公共服务不均等的结论。马靖忠（2011）则总结了美国和德国实现科技公共服务均等化的主要做法，总结了出了实现科技公共服务均等化的借鉴意义。

从现有的有关科技公共服务均等化的研究状况来看，研究讨论科技资源配置差异和科技资源配置效率差异的比较多，从财政角度研究科技公共资源配置不均等的较少；以各省研究科技配置的较多，分不同区域研究科技资源配置的较少；以 R&D 经费投入研究科技资源配置效率的多，而研究财政科技投入对科技资源配置影响的少。

对于地方政府来说，要充分发挥提供科技公共服务的职能，主要是依靠地方政府财政科技支出——包括与科技相关机构运转、科技服务人员的工资和地方科技发展信息平台建设等，科技公共服务的均等化首先是地方政府科技公共服务支出水平的相对均等。本文通过对我国省级政府进行区域划分，运用泰尔指数及差异系数对我国不同区域地方政府科技公共服务支出的状况进行分析，比较不同区域地方政府科技投入的均等化程度，并对如何缩小科技支出公共服务的区域差异提出相应的政策建议。

二、数据说明、研究模型及变量描述

（一）数据说明

东部地区包括北京、天津、河北、辽宁、上海、江苏、浙江、福建、山东、广东、广西、海南12个省、自治区、直辖市；中部地区包括山西、内蒙古、吉林、黑龙江、安徽、江西、河南、湖北、湖南9个省、自治区；西部地区包括四川、重庆、贵州、云南、西藏、陕西、甘肃、宁夏、青海、新疆10个省、自治区、直辖市。

本文主要选取了各区域R&D经费支出、R&D人员投入全时当量（以下简称R&D人员）和地方财政科技拨款三个指标来分析各地科技公共服务支出不均等的现状。

R&D经费支出是指R&D经费内部支出，具体是调查单位在报告年度用于内部开展R&D活动的实际支出。包括用于R&D项目（课题）活动的直接支出，以及间接用于R&D活动的管理费、服务费、与R&D有关的基本建设支出、外协加工费等。不包括生产性活动支出、归还贷款支出以及与外单位合作或委托外单位进行R&D活动而转拨给对方的经费支出。

R&D人员投入全时当量是指参与研究与试验发展项目研究、管理和辅助工作的人员，包括项目（课题）组人员，企业科技行政管理人员和直接为项目（课题）活动提供服务的辅助人员，包括全时人员数加非全时人员按工作量折算为全时人员数的总和，区域R&D人员数量体现了区域技术创新的规模，也反映了区域科技活动能力的大小。它可以细分为独立科研机构从事R&D活动的人员、大中型工业企业从事R&D活动的人员和高等学校从事R&D活动的人员。

本文中的地方财政科技拨款也有两个统计口径：一个口径是指地方政府年度决算表中科技支出的数额，反映科技部门支出、原用科技三项费用和科学支出安排的三块，不包括其他部门和单位在其他行政事业经费安排科技方面的支出。按照政府收支科目表，应当包括科学管理与事务、基础研究、应用研究技术研究与开发、科技条件与服务、社会科学、科学技术普及、科学交流与合作和科技重大专项支出。另一个口径是全部的科技支出，包括"科学技术"科目下的支出和其他功能支出中用于科学技术的支出。具体是哪一个口径，文中会进行注释。

（二）研究模型及变量描述

本文主要选择泰尔指数（Theil index）作为衡量地方政府财政科技投入差异性的主要指标，并通过泰尔指数的分解来比较东、中、西部地区之间和地区内部的差异。当每位R&D人员所获得财政科技投入都一样时，即泰尔指数为0时，认为地方政府财政科技投入的分布是绝对公平的，而当部分人员占有比其他人员比例更高的财政科技投入时,即泰尔指数>0时,就认为财政科技投入分布处于不公平的状态。泰尔指数越大,表明差异越大。本文所采用的财政科技支出分布的泰尔指数计算公式具体如下:

区域间财政科技支出差异:$T_1 = N_m \times ln\dfrac{N_m}{X_m} + N_e \times ln\dfrac{N_e}{X_e} + N_w \times ln\dfrac{N_w}{X_w}$

区域内财政科技支出差异:$T_2 = N_m \times T_m + N_e \times T_e + N_w \times T_w$

全国地方财政科技支出差异:$T = T_1 + T_2$

将上式两边同时除以 T,则变形为:

$$\dfrac{T_1}{T} + N_m \times \dfrac{T_m}{T} + N_e \times \dfrac{T_e}{T} + N_w \times \dfrac{T_w}{T} = 1$$

式中:$T_m = \sum_{i=1}^{n} \dfrac{N_i}{N_m} \times ln(\dfrac{N_i}{N_m} / \dfrac{X_i}{X_m})$;$T_e = \sum_{i=1}^{n} \dfrac{N_i}{N_e} \times ln(\dfrac{N_i}{N_e} / \dfrac{X_i}{X_e})$;

$T_w = \sum_{i=1}^{n} \dfrac{N_i}{N_w} \times ln(\dfrac{N_i}{N_w} / \dfrac{X_i}{X_w})$。

其中:N_i 为第 i 省的 R&D 人员占全国总 R&D 人员的比例;N_m,N_e,N_w 表示中、东、西部三个区域 R&D 人员占全国 R&D 人员的比例;X_i 为第 i 省地方财政科技支出占全国地方财政科技支出的比例;X_m,X_e,X_w 分别表示中、东、西三个区域地方财政科技支出占全国地方财政科技支出的比例;$\dfrac{T_1}{T}$ 为地区差异对总体差异的贡献度,$N_m \times \dfrac{T_m}{T}$,$N_e \times \dfrac{T_e}{T}$,$N_w \times \dfrac{T_w}{T}$ 分别表示中、东、西三个区域对总体差异的贡献度。

另外,本文还运用了差异系数。差异系数的计算公式是 $cv = \dfrac{s}{\bar{x}} \times 100\%$,其中 cv 代表差异系数,s 代表样本标准差,$\bar{x}$ 代表样本均值。$cv \geq 0$,差异系数越大,说明样本数据的差异程度越大。

三、不同区域科技公共服务支出的差异分析

(一)我国财政科技拨款的基本情况

近些年我国财政科技拨款总额持续增加。如表 1 所示,我国财政科技拨款总额从 2004 年的 1 095.3 亿元持续增加到 2012 年的 5 600.1 亿元,增长速度较快。国家财政科技拨款占财政支出的比重在 2006 年时已超过 4%,但近几年财政科技拨款总额占财政总支出的比重没有太大的提高,只有 2010 年财政科技拨款占财政支出的比重达到了 4.67%,其余年份的这一比重都在 4.5% 以下。从中央和地方科技投入比重的情况来看(见图 1),地方政府科技投入的比重呈现出上升的趋势。一方面是地方政府不断注重科技投入,加强对科技基础设施平台建设和对科技人员的培养,特别是加大对企业科技创新、产业结构升级的扶持力度;另一方面是地方

政府承担了较多与科技相关的支出责任，特别是一些本应该由市场来提供的科技服务。

表1　　　　　　　　　2004—2012年国家财政科技拨款基本情况

	国家财政科技拨款总额（亿元）	占财政总支出的比重（%）
2004	1 095.3	3.84
2005	1 334.9	3.93
2006	1 688.5	4.18
2007	2 135.7	4.29
2008	2 611	4.17
2009	3 276.8	4.29
2010	4 196.7	4.67
2011	4 797	4.39
2012	5 600.1	4.45

资料来源：《2013年中国科技统计年鉴》。

注：为规范财政科技支出，2013年对科技支出统计口径重新做了界定，并追溯调整了2007—2011年数据，本表中的财政科技支出的统计范围为公共财政支出安排的科技项目。

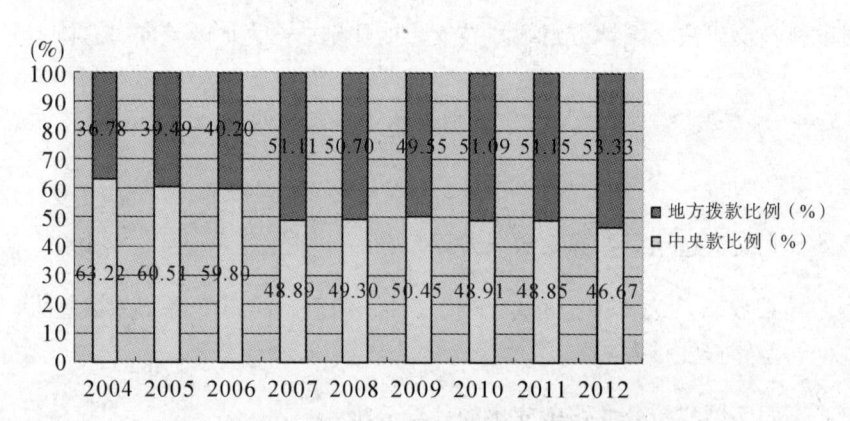

图1　2004—2011年中央和地方财政科技拨款比重

资料来源：《2013年中国科技统计年鉴》。

（二）地方政府科技公共服务支出的差异系数分析

从全国各省、自治区和直辖市科技投入的情况看，R&D经费支出、R&D人员投入以及地方财政科技拨款在全国范围内差异较大。如表2所示，我国各省R&D经费支出、R&D人员投入以及地方财政科技拨款的差异系数分别为1.108 91、1.112 53、1.021 44，差异系数均大于1。为了进一步了解各地区R&D经费支出、R&D人员投入、地方财政科技拨款情况的差异，将我国分为东、中、西部地区进行比较。表3表明R&D经费支出和地方财政科技拨款在西部地区的差异系数值最大，中部地区差异系数值最小，东部地区差异系数值居中。而R&D人员在东部地区的差异系数最大,中部地区的差异系数最小,这说明中部地区地方政府三项投入差异都相对较小,这与中部地区各省份经济发展状况比较相似不无关系。从这两个表我们也可以看出R&D经费支出、R&D人员投入以及地方财政科技拨款的均值都呈现出东部>中部>西部的排列顺序,这和区域经济发展水平的顺序一致。西部地区的R&D经费支出、R&D人员投入以及地方财政科技拨款均值都远远小于全国平均水平,说明这些省份提供科技服务和支持科技发展的水平较低。

表2　　　　　　　　2012年全国科技投入情况　　　　　单位:亿元,千人/年

投入类指标	总和	均值	标准差	变异系数
R&D 经费支出	10 298.41	332.21	368.39	1.108 91
R&D 人员	3 241.70	104.57	116.34	1.112 53
地方财政科技拨款	2 242.21	72.33	73.88	1.021 44

资料来源:根据《2013年中国统计年鉴》和《2013年中国科技统计年鉴》中的数据计算整理,地方财政科技拨款是指对"科学技术"项目的拨款。

表3　　　　　2012年东、中、西部地区科技投入情况　　　单位:亿元,千人/年

投入类指标	地区	总和	均值	标准差	变异系数
R&D 经费支出	东部	7 388.74	615.73	449.14	0.729 45
	中部	1 867.99	207.55	107.81	0.519 44
	西部	1 041.68	104.17	122.39	1.174 97
R&D 人员	东部	1 566.05	130.50	89.68	0.687 18
	中部	419.25	46.58	23.68	0.508 27
	西部	256.91	25.69	16.56	0.644 58
地方财政科技拨款	东部	2 233.10	186.09	149.49	0.803 32
	中部	681.10	75.68	37.95	0.501 51
	西部	327.50	32.75	33.08	1.009 99

资料来源:根据《2013年中国统计年鉴》和《2013年中国科技统计年鉴》中的数据计算整理,地方财政科技拨款是指对"科学技术"项目的拨款。

(三) 地方政府财政科技拨款的泰尔指数分析

由上述数据可知,地方财政科技拨款在财政科技总支出中的比重越来越大,因而地方财政科技拨款的差异性在一定程度上可以表明科技公共服务均等化差异的程度。本部分计算了我国2004—2012年地方财政科技支出的泰尔指数,从图2可以看出,近年来我国地方财政科技支出泰尔指数总体呈现下降的趋势,2004—2012年地方财政科技支出泰尔指数平均值为0.041 730,其中2004—2006年高于泰尔指数平均值,近几年均低于泰尔指数平均值,尤其是2010—2012年的泰尔指数都在0.4以下。由此可见,全国各省地方财政对科技的投入力度逐渐趋于均衡,省际之

间科技投入的差异有较大幅度的缩小。

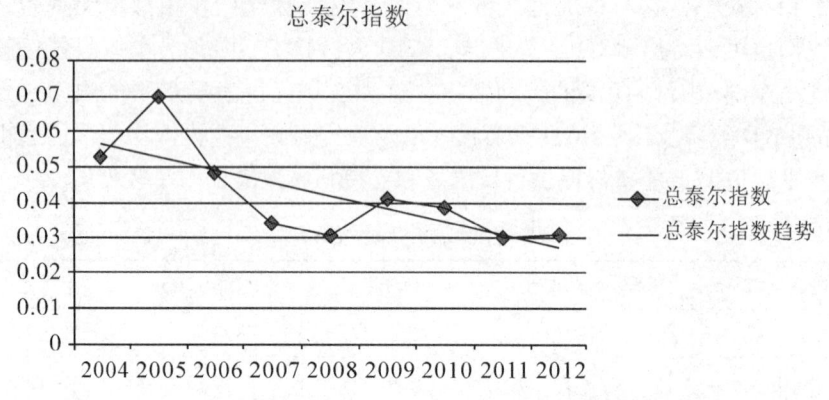

图2　2004—2012年地方财政科技支出泰尔指数

资料来源：历年《中国统计年鉴》和《中国科技统计年鉴》，科技支出仅指科学技术项下的支出。

从图2可以发现，泰尔指数存在2005年、2008年和2009年三个显著拐点。进一步通过表4、表5的分析，2005年的拐点是东部和西部地区地方财政科技支出泰尔指数较高造成的，但是这两个地区泰尔指数增高的原因是完全相反的，东部地区是由于上海、浙江、广东等省市加大了财政对于科技的投入力度，而西部地区则是由于四川、重庆、贵州、云南、甘肃等省市降低了财政对于科技的支持。2008年的拐点主要是受西部地区地方财政科技支出泰尔指数下降的影响形成的，2009年的拐点是受东部地区和中部地区泰尔指数上升影响的。

表4　2004—2012年东、中、西部地区地方财政科技支出泰尔指数

年份	东部地区	中部地区	西部地区
2004	0.042 585	0.011 548	0.086 954
2005	0.063 262	0.012 778	0.097 035
2006	0.032 028	0.009 126	0.070 747
2007	0.020 398	0.008 025	0.097 053
2008	0.022 389	0.010 488	0.080 912
2009	0.037 283	0.017 193	0.056 200
2010	0.030 231	0.029 911	0.048 261
2011	0.028 664	0.020 733	0.047 846
2012	0.030 255	0.014 905	0.054 413

资料来源：历年《中国统计年鉴》和《中国科技统计年鉴》，科技支出仅指科学技术项下的支出。

从三个区域的泰尔指数趋势图（见图3）可以看出，中部地区的地方财政科技支出泰尔指数变化幅度不大且泰尔指数值一直处于较低的水平，这表明中部地区各省地方财政科技投入水平相差不大。2004—2012年西部地区地方财政科技拨款

支出泰尔指数值一直比东部和中部地区要高，而且2004—2006年西部和东部地区地方财政科技支出泰尔指数变化基本是同步的，造成这种同步变化的原因很可能是西部和东部地区各省按照地区经济发展速度来同步增加科技投入的。从表5中可以看出，西部各省份这9年科技支出占财政一般预算支出的比重变化不明显，甚至有些省份这一比例稍有下降，但是西部各省地方财政科技支出绝对水平都有很大幅度的提高，各省的差异在逐渐缩小。2004年以后，东部各省也都加大了财政对于科技的支持力度，与2004年相比，东部地区各省不仅财政科技绝对支出有很大程度的提高，而且大多省份科技支出占财政一般预算支出的比重也都有了不小的提升。可以说，东部和西部地区地方财政科技支出的差异趋于相等，但是东部地区地方财政科技支出的均等化是较高水平下的均等化，而西部地区是在较低水平下的均等化。

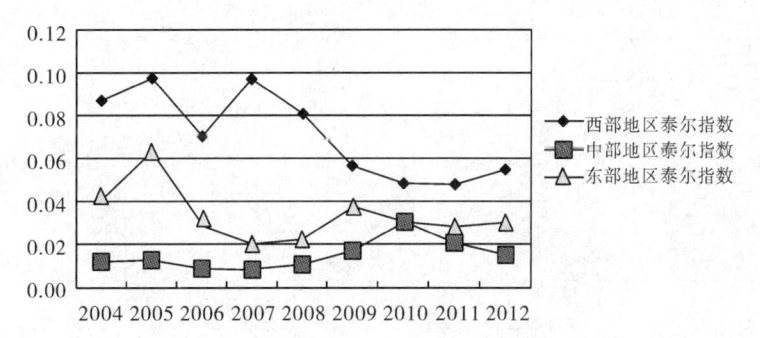

图3 2004—2012年东、中、西部地区地方财政科技支出泰尔指数变化趋势

表5 2004—2012年各省份地方财政科技支出占财政一般预算支出的比重 单位:%

年份	2004	2005	2006	2007	2008	2009	2010	2011	2012
东部省份									
北京	2.63	3.55	4.66	5.5	5.73	5.45	6.58	5.64	5.43
天津	2.66	2.62	2.79	3.31	3.3	3.02	3.14	3.35	3.57
河北	1.26	1.14	1.14	1.16	1.15	1.13	1.05	0.94	1.10
辽宁	2.53	2.32	2.43	2.19	2.28	2.14	2.16	2.23	2.22
上海	2.82	4.78	5.23	4.85	4.64	7.20	6.12	5.58	5.87
江苏	2.04	2.13	2.7	2.69	2.82	2.91	3.06	3.43	3.66
浙江	3.61	3.95	4.29	3.96	3.93	3.74	3.78	3.74	3.99
福建	2.29	2.29	2.11	2.34	2.25	1.98	1.91	1.84	1.86
山东	1.91	1.81	2.24	2.05	2.11	1.92	2.04	2.17	2.12
广东	3.53	3.66	4.08	3.77	3.51	3.89	3.96	3.04	3.34
广西	1.34	1.28	1.27	1.34	1.25	1.11	1.08	1.11	1.43
海南	0.69	0.77	0.86	1.14	1.26	1.25	1.28	1.26	1.32

表5(续)

年份	2004	2005	2006	2007	2008	2009	2010	2011	2012
中部省份									
山西	1.21	0.98	0.88	1.5	1.34	1.13	1.04	1.15	1.21
内蒙古	0.89	1.03	0.97	0.85	1.06	0.94	0.94	0.94	0.81
吉林	0.91	1.1	1.18	1.25	1.14	1.28	1.07	0.96	1.01
黑龙江	1.75	1.5	1.4	1.47	1.3	1.06	1.23	1.19	1.19
江西	0.95	0.87	0.86	0.97	0.92	0.86	0.95	0.84	0.91
安徽	0.92	0.84	0.94	1.28	1.44	1.70	2.24	2.33	2.42
河南	1.23	1.24	1.22	1.35	1.33	1.22	1.31	1.33	1.39
湖北	1.47	1.46	1.55	1.47	1.4	1.21	1.20	1.37	1.45
湖南	1.3	1.4	1.34	1.51	1.51	1.34	1.30	1.19	1.17
西部省份									
四川	1.21	1.17	1.08	1.18	0.88	0.80	0.82	0.98	1.09
重庆	1.26	1.23	1.26	1.44	1.49	1.20	1.05	0.97	0.98
贵州	1.21	0.49	1.25	1.25	1.23	1.04	1.02	0.96	1.05
云南	1.27	0.37	1.27	1.15	1.2	0.97	0.94	0.97	0.91
西藏	0.52	0.46	0.45	0.7	0.76	0.57	0.49	0.45	0.56
陕西	1.02	1.06	1.25	1.26	1.2	1.13	1.14	0.99	1.05
甘肃	0.94	0.88	0.83	1.08	0.98	0.82	0.74	0.74	0.79
青海	0.75	0.78	0.68	0.89	1.09	0.98	0.55	0.39	0.62
宁夏	1.25	1.27	1.01	1.98	1.33	1.02	1.07	1.11	1.11
新疆	0.98	1.12	1.01	1.61	1.4	1.20	1.19	1.16	1.21

资料来源：2005—2013年《中国统计年鉴》。

图4是东、中、西三大区域内差异和区域间差异对全国总体地方财政科技支出泰尔指数的贡献度变化情况。从图4可以看出，除2006年区域内地方财政科技泰尔指数贡献度为66.49%以外，其余年份区域内地方财政科技支出差异对全国总泰尔指数的贡献率均在80%以上，2008年、2011年和2012年这一比例分别达到90.51%、95.74%和96.76%。由此可见，我国地方财政科技支出的差异主要是东、中、西部地区内各省份对于科技投入的差异造成的。因此，区域内地方财政科技支出的均等化可以作为实现我国科技公共服务均等化的首要目标。

	2004	2005	2006	2007	2008	2009	2010	2011	2012
区域内差异对总体差异的贡献率(%)	81.15	80.90	66.49	83.13	90.51	86.34	82.91	95.74	96.76
区域间差异对总体差异的贡献率(%)	18.85	19.10	33.51	16.87	9.49	13.66	17.09	4.26	3.24

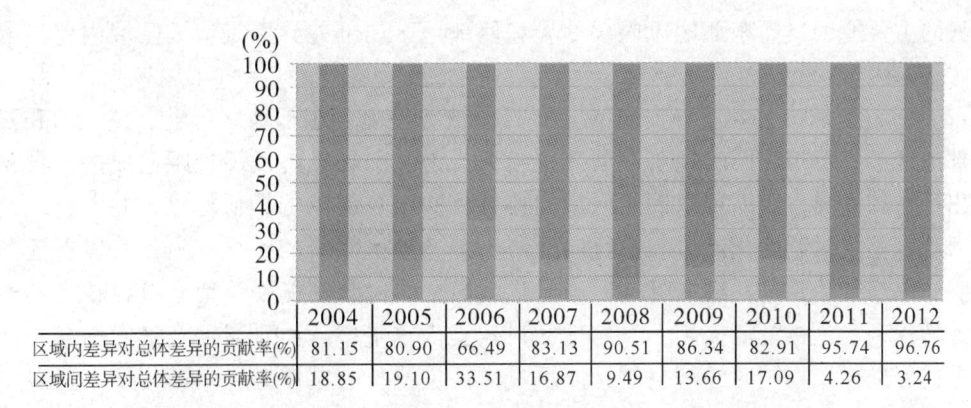

图4 2004—2012年区域内外对总体地方财政科技支出泰尔指数贡献度

由图5可以看出：东中西三个区域中，东部地区的区域内各省份对于总体地方财政科技支出泰尔指数的贡献度最高，其次是西部地区区域内各省份之间的地方财政科技支出差异。所以，在解决区域内地方财政科技支出均等化问题时要将东部和西部各省份地方财政科技支出放在首位，进而实现全国范围内地方财政支持科技公共服务力度的均衡发展。

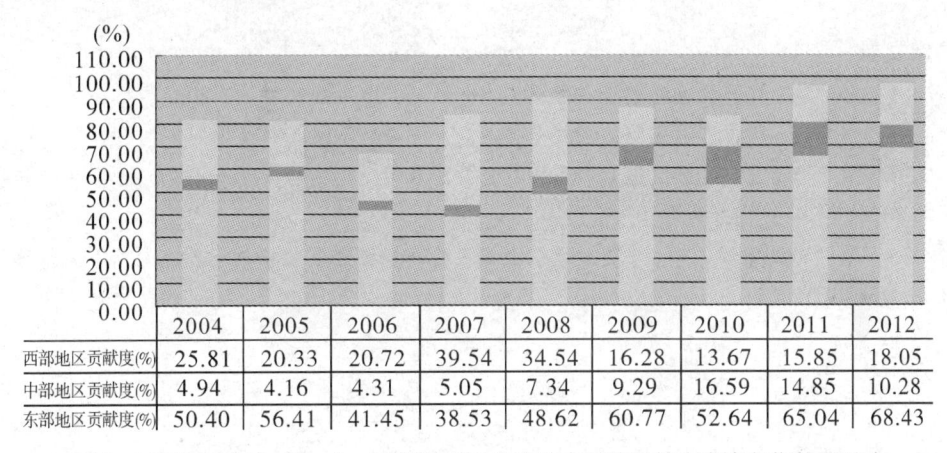

	2004	2005	2006	2007	2008	2009	2010	2011	2012
西部地区贡献度(%)	25.81	20.33	20.72	39.54	34.54	16.28	13.67	15.85	18.05
中部地区贡献度(%)	4.94	4.16	4.31	5.05	7.34	9.29	16.59	14.85	10.28
东部地区贡献度(%)	50.40	56.41	41.45	38.53	48.62	60.77	52.64	65.04	68.43

图5 2004—2012年东、中、西部地区对总体地方财政科技支出泰尔指数贡献度

四、结论和政策建议

（1）目前我国科技公共资源分配不均等现象依然严重。从2012年数据来看，R&D经费支出、R&D人员和地方财政科技拨款的差异系数都大于1，西部地区科技资源分布差异比较大，东部地区次之，中部地区内部差异相对较小，地方财政科技支出的泰尔指数也印证了这一结论。

（2）通过测度2004—2012年地方财政科技支出的泰尔指数，可以明显发现我国科技公共服务逐渐趋向于均等化，无论是31个省、市总体的泰尔指数，还是中、东、西区域内的泰尔指数都呈现出减小的趋势。在总体的财政科技支出差异中，区域间差异贡献度较小，而区域内地方财政科技支出差异是造成全国科技支出差异的主要原因，而东部地区内部差异和西部地区内部差异又是造成区域内差异的主要原因。

（3）区域内公共服务支出的差异归根结底是由于东部地区各省、市之间和西部地区各省、市之间的经济发展差距较大。为了削弱经济发展差距造成的科技支出存在的差异，我们可以制定区域内科技公共服务支出的最低标准，并以合理的财政转移支付制度相配合，实行向经济不发达地区倾斜的科技支出政策以保证各省、市都能达到这一最低标准，确保区域内全体民众都能平等地享有科技公共服务的权利。这样既能提高不发达地区科技支出水平，从而对当地经济发展起到必要的促进作用，同时经济发展又能反过来促进科技公共服务水平的提高，形成一个良性循环。

（4）通过实现区域内科技公共服务支出均等化从而缩小全国范围内科技公共服务水平的差异程度只能是短期目标。从长期来看，我们还应该消除区域间的差距，因为东部地区的均等化是较高水平的均等化，而西部和中部地区的均等化是较低水平的均等化。因此，我们还要制定全国科技公共服务支出的统一标准，进而实现全国科技公共服务水平的均等化。

参考文献：

[1] 徐建国. 我国区域科技资源配置能力分析 [J]. 中国软科学，2002（9）.

[2] 牛树海. 科技资源配置的区域差异 [J]. 资源科学，2004（1）.

[3] 孟卫东，王清. 区域创新体系科技资源配置效率影响因素实证分析 [J]. 统计与决策，2013（4）.

[4] 范斐，杜德斌，等. 中国地级以上城市科技资源配置效率的时空格局 [J]. 地理学报，2013（10）.

税收征管服务外包风险及对策研究

梁俊娇　张艳江　陶　婕

内容提要： 近年来在我国的税收征管改革实践中，无论是税务IT外包的全面展开，还是税收征管流程外包的不断探索，服务外包已成为税务系统应对复杂征管形势的重要策略选择。本文探讨服务外包在税收信息化建设与征管流程塑建中潜在的风险因素，提出风险应对策略建议，以更好地将服务外包运用于税收征管。

关键词： 服务外包；税收信息化；税收征管流程；风险控制

我国政府全面深化改革不断向纵深推进，在公共服务提供领域也进行了多种途径的创新尝试，如开放市场准入、建立竞争机制、引导公共服务市场化；通过服务外包、特许经营、租赁、BOT投资方式及第三方参与等多种模式，培育多元化公共服务供给主体；精简政府机构和人员，探索政府雇员制、在政府部门引进高端社会人才；等等。在建设服务型政府、公共服务提供模式改革的背景下，探寻税收征管服务外包的有效路径，有助于为纳税人提供更优质、更全面的税收征管服务。

一、服务外包在我国税收征管中的运用

（一）服务外包的概念及分类

服务外包的概念范畴虽然在国际上没有统一表述，但普遍认可的核心要素是以信息技术为依托，将服务业中自身业务产品或业务管理过程中的非核心业务外包出去，交由第三方完成，从而降低成本、提高效率、提升企业对市场环境应变能力并优化企业核心竞争力。

我国服务外包的主要政府管理部门商务部是从类别范畴的角度来进行界定的，即服务外包业务系指服务外包企业向客户提供的信息技术外包服务（ITO）和业务流程外包服务（BPO），包括业务改造外包、业务流程和业务流程服务外包、应用管理和应用服务等商业应用程序外包、基础技术外包等。

服务外包分为信息技术外包（ITO）和业务流程外包（BPO），同是基于IT技

作者简介：梁俊娇，中央财经大学税务学院教授；张艳江、陶婕，中央财经大学。

术的服务外包，ITO 强调技术、更多涉及成本和服务，BPO 更强调业务流程、侧重解决业务效果和运营效益方面的问题。

（二）服务外包在税收征管中的适用范围及程度

税务部门引入服务外包的范围主要包括后勤服务、税务 IT 技术服务，以及部分专业化要求较高的稽查会计服务等。

1. 金税三期工程的 IT 外包

不同于金税二期的自主建设模式，金税三期工程更加复杂艰巨，涉及很多高端的 IT 专业技术，80 亿元的中央政府预算投入难以支持自建模式，人力资源也无法满足税务信息化的持续发展，税务 IT 外包成为必然选择。

目前全国统一的税收征管应用软件——中国税收征管信息系统（CTAIS），就是由一家 IT 产品、方案及服务提供商神州数码开发的。税务部门在解决 IT 技术难题时还与国际知名 IT 技术服务商合作。2013 年，作为金税三期全国范围内的第一家上线试点单位，重庆地税面临上线时间紧迫且首次运行诸多因素不确定的局面。在技术攻关中，重庆地税与 VMware 公司合作，采用虚拟化部署生产级 RAC 数据库，成功地实现了通过虚拟化动态调节数据库硬件资源分配以及随需而变的虚拟机离线迁移，为关键业务数据库在虚拟系统中的运行保驾护航。

这些长期深耕税务行业的 IT 服务商，对税务业务有较为深刻的理解和认识，在金税三期的建设和上线试点中发挥了重要作用，有力地推动了我国税收信息化建设。而且引入更多的国内外 IT 服务商参与税务 IT 系统建设，有利于技术更新、形成有效的竞争机制，在一定程度上降低外包成本。

2. 税务系统后勤服务外包

目前全国税务系统的后勤服务已基本上实现了服务外包。例如：将电脑、打印机、电话、空调、电梯等办公设备设施、家具器材的检修、保养工作外包给专业公司，税务机关只需制定管理标准与要求；推行公务用车有偿使用制度，制定使用的收费标准，根据车辆型号和行驶里程数及停车费、过路过桥费等相关费用凭证，用车部门负责支付或报销，而车辆的加油、检修、保险均实行定点制度，每年组织驾驶员对定点机构的服务进行评价，根据评价结果确定是否延续合同；对食堂、基建工程实行外包、招投标管理；将物业管理交由专门的物业公司负责，包括水电管理、卫生绿化、安保等。

3. 办税服务厅的临时工作人员与劳务外包

为规范办税服务厅的服务外包工作，多地税务部门制定实施了办税服务厅服务外包的管理办法和工作意见，由纳税服务科牵头组织，通过与劳务外包公司签订合同，招募外包工作人员。这些外包人员不但年轻，接受新知识、新业务能力强，而且具备一定的税务、会计、经济等相关专业知识，熟练操作计算机及常用办公软件，很好地充实了纳税服务队伍，提升了纳税服务质量，缓解了征管力量不足的压力，使原税务工作人员从办税厅繁杂的事务性工作中"解脱"出来，投入到其他税收征管工作中。

4. 依托协税护税办公室的个体零散税源管理服务外包

为进一步规范个体及零散税收征管秩序，我国多地推行了依托协税护税办公室的个体及零散税源管理的新模式，很好地解决了个体税源征管力量不足的问题，提高征管质效，节约纳税人的时间和纳税成本，促进个体经济的健康发展，也使税务机关可以集中精力投入到重点税源的管理工作中。具体实施方法是借助街道办事处、社区和市场管委会，在个体工商户集中的市场或某一类零散税源建立协税护税办公室，推行委托代征方式的个体及零散税源管理模式。

各地实践过程中，根据纳税人的服务需求，联系实际征管工作，协税护税办公室还提供纳税提醒、代开普通发票、代办税务登记、税款查询和网络税票打印等纳税服务，并设立税务咨询服务台，为需要帮助的个体纳税人提供税收咨询服务。这实际上是将办税服务厅的部分业务延伸到市场办理，依靠社会力量为纳税人提供更加便捷的服务。

5. 会计服务示范基地的税务稽查会计服务外包

近年来我国各地税务机关密切联系中国注册会计师协会与地方注册会计师协会，组织业务交流，开展委托或授权工作，积极建设会计服务示范基地并拓展其服务职能。目前，全国已经有11家会计服务示范基地建设落成，3个试点项目启动运行。

苏州工业园区会计服务外包示范基地是全国首批会计服务外包试点地区，2010年8月13日成立后，园区地税局不断探索"非执法、非程序、非涉密业务标准化外包"的综合创新服务模式。省地税局专门出台了税务工作会计服务外包的试点方案和管理办法，在保持税务部门在税收征管工作中执法主体地位的同时，确定其发包主体地位，对作为发包客体的中介机构设立了严格的准入条件，明确划定了中介机构可以提供的服务外包范围与具体流程。此外，还协助海关对园区内企业加工贸易的保税及减免税进行监管，在中介机构内部设置功能齐全的网上办税服务点，方便协税人员与纳税人的征纳工作。

二、税收征管服务外包的风险分析

（一）税务IT外包的风险

1. IT技术外包加大地区发展差距的风险

我国幅员辽阔，各地经济社会发展、人文环境、科技水平千差万别，因此税务信息化建设从一开始便在地区间起点不同。而税务IT外包又涉及不同地区IT外包产业的发展水平以及政府部门转变公共服务供给模式的理念，这都加剧了税务IT外包的区域发展鸿沟。一般来看，经济发达地区税务局的IT基础设施配置较为完备，储备了一定的IT技术人才，外包理念较为先进，可供选择的IT外包商数量较多，目前的IT外包已取得显著成果；而经济欠发达地区税务局的IT基础设施配置较为落后，技术人才匮乏，对外包重视不够，当地IT外包产业不繁荣，税务IT外包受到限制。因此，IT技术外包很可能会加大地区间税收信息化建设的差距。

即使在同一地区，国税系统的税务 IT 外包意识与实践也领先于地税系统，在软件开发应用水平、网络链接能力及覆盖范围、数据处理能力等方面均存在着较大差异，这就为日后国税和地税之间的信息共享、联网协作埋下了技术平台难以整合的风险。

2. 各地分别实施外包引起的整体失衡风险

长期以来，我国税收征管各环节的信息化建设被人为分割，缺乏统一规划，金税三期工程虽然统一了全国国地税征管应用系统版本，搭建了统一的纳税服务平台，但各地税务机关很多 IT 项目仍然是分别外包，各自为战。这就会引起缺乏系统规划、整体失衡的种种风险。一是各省市税务机关如果继续无序开发具有地方区域性的 IT 项目，且数量持续增长，将导致重复建设、重复开发现象越来越严重；二是在税务管理软件开发过程中，如果各征管流程相对独立，如税收征管系统、出口退税管理系统、增值税交叉稽核系统、稽查管理系统等，彼此之间缺乏联动机制，将不利于实际征管工作中各环节的信息共享；三是如果任由地方机关主导信息化建设，难免会引起"重网络轻应用"、"重建设轻维护"、"重技术轻管理"等失衡风险；四是我国税收政策正处于频繁调整时期，尤其是在外包模式下，税务局与外包商如果未就软件更新重整留有规划空间，很容易造成软件、系统滞后，为实际征管工作带来不便。

3. IT 服务商选择中的风险

税务部门为保障 IT 外包工程的质量与合作的持续性、连贯性，往往倾向于选择业内知名的、合作过的、有经验的供应商，从而在一定程度上影响 IT 外包产业的竞争环境，再加上 IT 外包的规模经济效应，很容易形成少数供应商垄断市场的风险。这样一来，垄断厂商就会提高价格，谋取超额利润，使税务 IT 外包难以达到降低税务信息化成本的初衷。

4. 合同条款制定不明的风险

多数情况下，税务人员并不精通信息技术，IT 外包人员不了解税收征管的业务，双方一定要充分沟通，将各自的利益表达清楚，在合同中约定好；否则，不能满足自身需求的合同将无法顺利实施，执行的效果也不能达到预期目标。

5. 后续运营与维护风险

软件、系统开发后要关注应用效率如何。一些基层税务人员的计算机技术水平不高，如果税务部门的信息技术培训不到位，他们将很难掌握税务信息化的先进功能，如数据分析处理功能、交换功能和监控功能等，从而使税收信息化建设流于形式，功效得不到具体发挥。

（二）后勤服务外包的风险

1. 后勤业务职能脱离征管职能的风险

税务机关将后勤服务外包出去后，相关的人员聘用、日常管理、技能培训都被分离出去，就更容易忽视后勤业务职能与核心征管职能之间的联系与融合。提供后勤服务的外包公司对税收征管业务流程知之甚少，只能确保后勤服务本身的质量，对于是否能满足税务部门的需求、优化办公环境、便利工作流程，则难以保证，这就可能导致后勤业务职能脱离征管职能的风险。

2. 后勤服务外包粗放管理的风险

无论是后勤部门自己完成，还是外包给专业公司，税务机关的后勤管理相对于其他职能部门的管理都比较松散，基本上是有计划、无考核，有职责、无监督，有执行、无反馈。这种粗放的管理模式很有可能导致外包服务效率低下，服务细节潜藏风险。

（三）办税服务厅临时工与劳务外包的风险

1. "临时工"制度的运行风险

一方面，长期以来缺乏约束管制，严重损害了"临时工"制度的公信度和权威性。近些年，政府部门临时工负面事件频频发生，暴力执法、违法乱纪，甚至出现问题追究责任时拿临时工当挡箭牌，在社会上引起了非常恶劣的影响。在公众普遍存在逆反心理、抵触情绪的情况下，税务服务厅聘用临时工作人员，一旦征纳双方产生分歧、纠纷，很容易因为临时工的身份使事件得到恶化，税务部门的解释和处理难以得到纳税人的理解和信服，不利于构建和谐的征纳关系。

另一方面，运行制度缺乏监督保障容易诱发权力寻租。不同于西方的市场化人事制度改革，我国政府聘用临时工作人员更像是一个权宜之计，以弥补日益增长的公共服务需求与公务员刚性录用制度之间的矛盾。我国政府的临时工聘用管理制度还不完善，从人员需求定位、财政预算拨款、招聘雇佣，到日常管理、监督，很多环节都缺少制度保障与约束，大多依靠各地出台的暂行管理办法，甚至存在暗箱操作的现象，极易诱发寻租腐败。

2. 劳务派遣的法律风险

劳务派遣在缓解税务机关用工需求，增强用工灵活性方面起到了很大的作用，但同时也存在一定的法律风险。从劳务派遣中的争议仲裁案件类型来看，其法律风险主要包括以下两类：

（1）劳务派遣公司不具备相关资质能力，使税务部门被迫买单。《中华人民共和国劳动合同法》规定对派遣员工造成损害的，用工单位与劳务派遣单位承担连带责任，如果劳务派遣公司没有能力承担相应责任，税务部门就必须承担连带责任，从而增加用工风险。

（2）招聘被派遣劳动者主体不明的法律风险。税务机关为了选聘合格的用工人员，一般都是自行规定报名条件、组织考试选用合适人员，再由劳务派遣公司与其签订劳动合同。但是招聘往往被认为是建立劳动关系的前提，很容易造成劳动关系主体的混乱。从各地税务系统办税服务厅招聘劳务派遣人员的公告上看，其招聘方式主要采取面试、计算机操作技能考试和写作相结合的方式，考试命题和考场安排都是用工单位也就是税务局负责，这样很容易造成招聘主体被误解的法律风险。

（四）税源管理服务外包的风险

1. 协税护税办公室的人力资源风险

协税护税办公室的领导小组一般设在当地财政局，办公室成员由财政、国税、地税、工商、公安、房管等部门相关人员组成。而政府官员兼职现象将直接导致协税护税办公室的独立性、灵活性降低。此外，协税护税办公室的一部分人员是从社会上公开招募的临时工作人员或是由相关基层政府机构的工作人员兼任，人员结构复杂、稳定性不足。而且从社会上招募的临时工作人员大多业务水平不高，专业知识有限，如果培训不到位，很容易给税收征管工作带来风险。

2. 以收入为主要指标的考评制度风险

从考评内容的设置和具体衡量指标来看，都过于倚重税收征收额的完成情况。一方面，协税护税收入被单独列为考评大项，而征收成本、纳税人办理业务处理时间等均未被列为考评项目；另一方面，零散税收征管作为最重要的考核内容，其定量衡量指标仍只有税收征收额完成情况，而并不考虑完成这一征收额所耗费的人力、物力、时间。

（五）稽查会计服务外包的风险

1. 会计师事务所的审计质量风险

会计师事务所等中介机构的弄虚作假行为屡有发生，上市公司年度审计报告作假、欺骗上市、发布虚假财务信息等丑闻暴露了会计师事务所等中介机构的信用缺失和职业道德问题。如果在税务机关将稽查会计服务外包给会计师事务所后，个别会计师事务所、会计师未能坚持独立、公正原则，向税务机关提供虚假信息和资料，或审计质量明显偏低，将严重影响税务稽查的质量，这一税收征管工作的最后防线。

2. 会计师从事稽查工作的程序违法风险

税务稽查中不仅要重视实体法，还要严格遵照程序法，规范稽查的方式、步骤、手段、权限、时限等。税务稽查工作中很容易出现违反法定程序的执法行为，如检查人员按规定出示检查通知书或检查证，下达税收文书的时间逻辑性错误，超越审批权限调取账簿或调取资料不退换、缺失等。税务稽查过程中的程序不规范，甚至是程序违法，不仅会侵害纳税人的合法权益，还会引发税务行政争议，导致税务行政诉讼，给税收执法工作带来风险隐患。而会计师、税务师在税务稽查工作中所运用的会计、审计、税务专业知识是其核心优势，但受行业限制，会计师、税务师等中介机构人员很容易出现税务稽查的程序性错误。尤其是在调查取证过程中，会计师事务所等中介机构的从业人员容易忽视获取证据的形式及程序是否规范，而数据资料来源、取证方式、取证程序的不合法将导致该证据不具有法律效力，严重影响稽查工作和税收执法的严肃性。

三、税收征管服务外包的风险控制对策

(一) 税务 IT 外包风险控制

1. 制定税务 IT 外包整体规划和协作机制

税收信息化建设是一项全国性工程,不能因为各地的 IT 外包水平不同拉大全国税务信息系统建设的差距;税收信息化也是一项系统性工程,涉及业务重组、机构调整、流程再造、岗位职责变动等,可谓牵一发而动全身,因此信息化建设要环环相扣,税务部门急需制定一套规划全局的顶层方针。要改变各省、市各自为战的局面,可以采取税收政策改革中常用的"先试点,再全国推广"的方式。特别是对于具有普适性的 IT 项目,可以由地方税务机关自下而上地提出 IT 外包项目建议,税务总局选取成功案例全国推广;也可以由税务总局调研制定关键性 IT 技术的外包方案,选取适宜城市试运行再在全国展开。要加强各地税务机关的交流合作,国税和地税之间也要彼此借鉴,通过网站公开信息或定期 IT 技术人员座谈,互通有无,取长补短,避免重复建设或低效率外包。

为加强部门协作,无论是国家、省、市级别,还是基层税务部门,都需要设置一个专门负责组织协调的部门或岗位,来保障内部的有效联系、明确分工,避免信息不对称和职责缺位。

2. 科学合理选择外包服务商

税务部门选择的 IT 外包商往往不会数量太多,因为数量越多,需要衔接的环节越多,效率越低,出现问题的概率也越高。但这样很容易造成单一厂商在某一领域形成垄断地位。因此,IT 项目招投标时,要让更多的竞争者参与进来,建立良好的竞争机制。而且在明确界定、合理衔接各厂商职责的前提下,要适当增加大型项目的外包商数量,长期使用的外包商也要在适当的时候更换,避免过度依赖单一厂商。

3. 规范灵活签订外包合同

鉴于 IT 技术的复杂性、专业性和风险的隐蔽性、突发性,合同中对于外包商责任的界定要细致全面。首先,要关注 IT 技术细节,尽量量化考核项目的目标与效果;全面性上要涵盖外包实施的所有流程,尤其是后期维护责任、违约责任、争议处理、合同更改与终止等。其次,税务系统会涉及大量关键数据、保密信息,因此要订立详尽的数据信息保密条款。最后,合同的签订要在规范严密的基础上增强灵活性,开拓思路,在合作方式的选择上不拘一格,保证外包的高效运行。

4. 严格监管外包实施全过程

税务部门要对 IT 外包的全过程进行实时或阶段性检测和监督,成立 IT 项目外包监管组,成员来自 IT 和税务业务两个部门,包括领导专家和一线工作人员。为确保监管的有效性,防范错误及舞弊行为,监管组的关键岗位不能由外包决策者、与外包商的沟通协调人员担任,即"不相容职务分离"。

5. 后期运作的人才和费用管理

外包项目完成后进入应用阶段，要想充分发挥税收信息化的成果，必须提高税务部门业务人员的 IT 技能，通过培训达到熟练操作，并能对纳税人进行指导。为方便日后培训和长期维护，如果条件允许，税务部门可以在项目外包的实施过程中安排人员参与项目建设，跟踪了解项目进展中的细节。

（二）后勤服务外包风险控制

1. 将后勤服务外包与其他业务职能相结合

税务机关将后勤服务外包出去，主要是基于成本、人员配置方面的考虑，只要能确保日常工作顺利运转即可。但是，后勤服务也会对其他部门的工作产生一定影响，因此在制定外包战略时，要重点关注后勤服务与其他业务职能的结合点。

2. 加强后勤服务外包的绩效管理

后勤服务外包的管理尤其要细化、务实，不能因为其业务性质的简单就忽视绩效管理环节。管理中要重点关注外包工作的考核、监督、反馈。要实施绩效考核，将后勤服务质量与外包结算费用挂钩；在机关后勤部门设置外包工作监督岗位，专职负责外包工作的事前监督、事中监督、事后监督；定期收集各部门对于后勤服务的意见反馈，做好外包工作的改进提升。

（三）办税服务厅临时工与劳务外包风险控制

1. 健全外包岗位责任机制

对于办税服务厅工作人员的工作职责要严格界定，以此判定雇用的临时工作人员和劳务外包公司提供的服务是否到位，管理监督也要规范透明，让纳税人认可税务部门的人员任用机制，信赖其提供的税收征管服务。

2. 设计临时工制度的运行保障条件

任何一项制度的运行都要依靠严格的保障条件，否则制度的建立、运行、监管都无从规范。首先，临时工岗位和劳务外包的需求要科学、合理认定，借鉴西方的民意代表质询制度，听取纳税人、公众对于临时工制度的意见。其次，临时工薪资、外包费用要纳入财政预算管理，对外公开披露。而社会公开招聘、政府采购环节也要依照严格的程序进行，选聘符合资质的人员。最后，日常考核与监督可以参照税务部门内部员工的管理方式，统一绩效衡量标准，并强化媒体与公众的监督渠道。

3. 警惕劳务派遣中的法律风险

防范劳务派遣的法律风险，首先要选择合适的劳务派遣公司，对资质是否合法进行严格审查，要综合考虑公司的风险承受能力和服务能力，选择行业认可度高的劳务派遣公司。其次在由税务机关组织招聘考试的情况下，必须明确说明用工性质，如在招聘公告的标题中注明是××劳务派遣公司关于某地税务局办税服务厅招聘劳务派遣人员，或在录用条款中注明是与劳务派遣公司签订劳务派遣合同，消除用工人员的误解。

（四）税源管理服务外包风险控制对策

1. 加强协税护税办公室的人才队伍建设

首先，由于税收征管服务的专业性较强，所以在运行初期，负责人可以由政府部门的干部、骨干担任，指导工作开展。待组织运行机制完善后，政府人员可以逐渐撤离管理岗位，交给专业社会组织管理者，而政府承担服务验收与监督的职责。其次，要引进、培养专业的非政府组织人才，包括在专业学科深造的人才、在政府部门或企业界具有较大影响力的领导人才、经过专业技能培训并持有资格证书的执业人员，以及主动性强、参与度高的志愿者等。最后，要建立健全组织内部的培训与激励机制。定期对从业人员的知识体系、操作技能进行培训，通过薪资待遇、职位晋升、奖惩制度等手段进行有效激励。

2. 健全协税护税工作的考评指标体系

对于协税护税工作，在原来以收入为主要指标构建的考评制度基础上，应加入征收成本、征管业务处理时间等考核因素。可以通过各项税收征管业务的处理时间来侧面衡量纳税人的时间成本，通过纳税服务的质量和频率来侧面衡量纳税人的心理成本，尽可能从多角度考察协税护税工作的成效。

（五）稽查会计服务外包风险控制对策

1. 建立外包服务质量控制的配套制度

为了防范会计师事务所的审计质量风险，税务机关必须建立稽查会计外包服务的有效监管，建立稽查会计外包服务的质量评估和责任追究制度。同时建立稽查会计外包服务的抽查制度。抽查制度可以在不过多增加税务稽查人员工作量的基础上，对会计师事务所的外包服务质量进行有效监管。

2. 设立会计服务外包的禁止条款

税务机关在外包稽查会计服务时，要进一步强化税务机关的稽查执法主体和服务外包发包主体的双主体地位，明确会计服务外包的范围仅限于非执法、非程序、非涉密的专项辅助类业务，并设立会计服务外包的禁止条款。税务稽查中的执法程序要由税务人员执行，严格符合税收执法规范和纪律规范，在探索引入中介机构外包服务的同时做好风险控制和配套执法工作。

参考文献：

[1] 高莉. 税收信息化的"集中"和"整合"[J]. 税务研究, 2006 (1).

[2] 蒋丽斌. 税务信息化发展的问题及对策探讨——基于"诺兰"阶段模型的分析[J]. 财务与金融, 2009 (5).

[3] 鄢圣华. 公共服务外包合同的签订[J]. 公共管理与地方政府创新研讨会论文, 2009.

[4] 杨杨, 李家鸽. 新公共管理运动背景下税收管理的国际比较及对中国的启示[J]. 特区经济, 2009 (11).

[5] 张玮. 关于税收信息化几个基本问题的认识[J]. 财政研究, 2004 (4).

台湾中小企业的贡献与未来发展方向

王素弯

内容提要： 从企业数量、销售额、出口额和就业人数来看，中小企业在台湾经济社会中居重要地位。台湾中小企业在促进经济增长、创造附加值、增加就业机会、充实财政收入、平衡城乡发展、发挥企业家精神、健全分工网络等方面对经济体系有巨大贡献。中小企业是台湾经济结构的磐石，更是台湾经济成长的关键，然而中小企业长期在整体企业中的比重却不见成长。近年来，中小企业在外在与内在环境上都面临相当大的挑战，建议未来中小企业应朝以下方向发展：以知识力与创新力打造竞争优势、坚持质量掌握需求、建立自有品牌区隔市场、加速产业升级、掌握绿色商机、善用经济圈优势、努力拓展市场。

关键词： 中小企业；经济贡献；发展方向

中小企业对台湾地区经济发展的贡献，在 2000 年以前，有相当多的学者提出不同的看法。例如：Galenson（1979）认为台湾的中小企业采用劳动力密集的生产方式，发挥比较利益原则，成功地开发出口市场，对促进经济成长有重大贡献。Scitovsky（1986）则强调中小企业雇用大量劳工，不但解决了失业问题，而且促进了台湾所得的均化。吴惠林和周添城（1998）发现透过中小企业所创造的就业机会，可使其他的社会政策目标，如社会安定、平均所得分配以及城乡平衡发展等较易达成。于宗先、王金利（2000）指出，中小企业不只在创造就业机会上胜过大企业，而且中小企业在拓展贸易及税赋上也有很大的贡献。另外，台湾面临两次石油危机，以及 1997 年的金融风暴，台湾经济仍维持稳定成长，其中与中小企业灵活调整、较强的应变力或弹性有很大的关系（薛琦和胡名雯，1999）。

2000 年以后，一方面限于资料，另一方面因为不易提出新的发现，多数的文献着重在探讨个别中小企业或个别产业，鲜有针对中小企业对经济体系的贡献加以研究。因此，本文拟探讨中小企业对经济体系的贡献，以增加社会各界对中小企业重要性的了解，并进一步重视中小企业的生存条件与发展环境。部分数据受行业分类调整限制，无法回溯至相同年份进行比较，将以可取得的最早年份为比

作者简介：王素弯，中华经济研究院（台湾）台湾经济研究所研究员兼副所长。

较基础,并在比较时加以说明。以下先了解我国台湾中小企业目前的现况。

一、台湾中小企业的现况

台湾中小企业的定义因辅导机构、相关法令及辅导措施修改,历年来迭有修订。制造业及加工业(包括手工业)以资产总值在新台币 500 万元以下或常雇员工在 100 人以内为中小企业;商业、运输业或其他服务业则以全年销售额在新台币 500 万元以下、常雇员工在 50 人以内为中小企业。目前最新的认定标准为 2009 年的修订版,凡制造业、营造业、矿业及土石采取业的实收资本额在新台币 8 000 万元以下,而其他业别前一年销售额在新台币 1 亿元以下者原则上属于中小企业,例外情况则是制造业、营造业、矿业及土石采取业经常雇用员工数未满 200 人,其他行业经常雇用员工数未满 100 人者为中小企业。

(一)中小企业家数

虽然受到多次认定标准修订的影响,中小企业家数仍持续增长,中小企业家数占台湾全部企业家数比重也一直维持在 96.5%~98.7%之间,2011 年的家数为 1 278 784 家,而中小企业家数比重为 97.63%(见图 1)。可见,中小企业一直以来都是台湾整体经济结构的骨干,对台湾经济发展具有特别的意义。

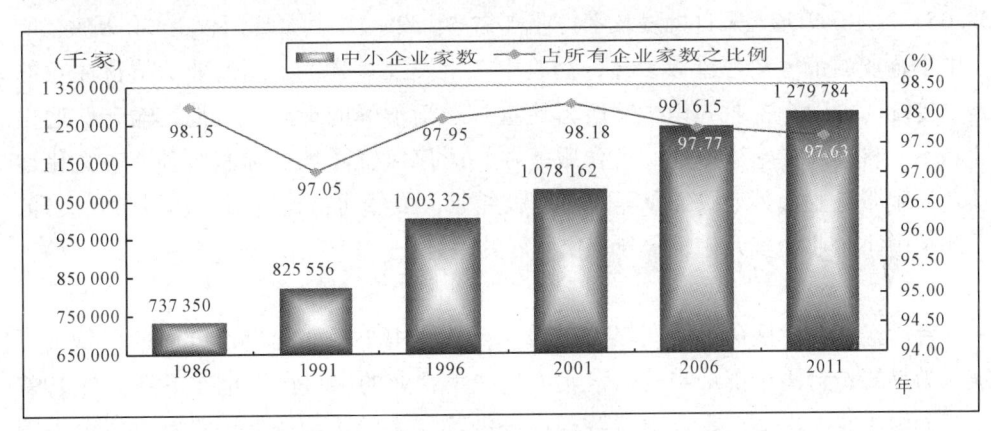

图 1 台湾中小企业家数统计

数据来源:历年《中小企业白皮书》。

中小企业家数高达百万家,不过,极小规模的企业占有相当大的比重。2011年,登记资本额在 10 万元以下的企业超过 52 万家,占中小企业家数的 40.83%,虽然较 1991 年的 60.6%大幅下降,不过仍显示极小企业普遍存在的事实。若以行业别来看,在所有中小企业中,以服务业部门的家数最多,其中又以批发零售业的家数最多,至 2011 年已超过 65 万家,占中小企业家数的 50.94%;其次是工业部门的制造业,在 2011 年为 14 万家。

(二)销售额

2011 年中小企业销售额达 11 兆元以上,不过,占全体企业销售额的比重仅有

29.64%。观察近20年来中小企业销售额占全体企业的比重,在1986年曾达到40%,但长期呈下滑趋势,主要与中小企业多属内需型产业有关(见图2)。

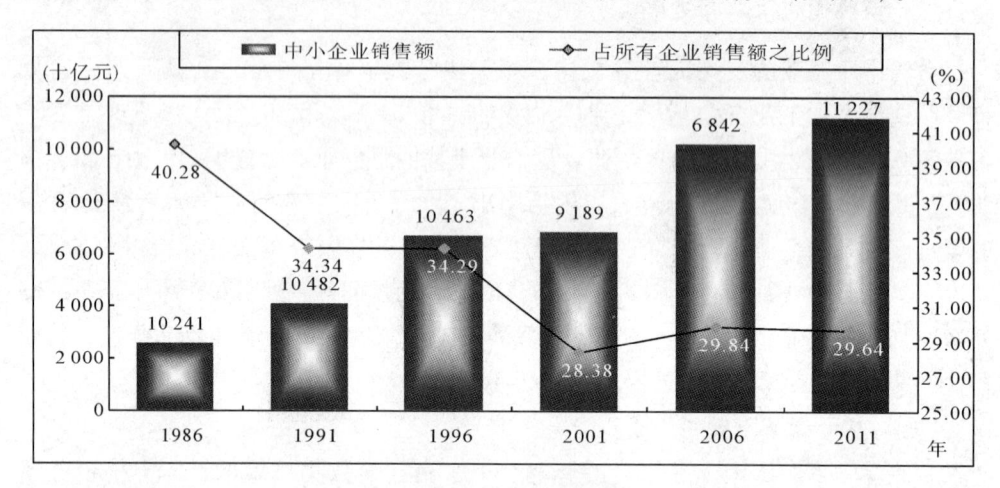

图2 台湾中小企业销售统计

数据来源:历年《中小企业白皮书》。

若按行业别来看,2011年中小企业销售额中有4.34兆元来自制造业(占38.65%),4.09兆元来自批发及零售业(占36.39%),其余部门仅占24.96%,所以中小企业的销售额与家数一样,仍集中在批发及零售业、制造业。值得注意的是,传统行业中小企业的销售额所占比重有逐渐下降的现象,但是运输仓储通信业、专业科学及技术服务业、教育服务业、医疗保健及社会福利服务业、文化运动及休闲服务业、其他服务业等中小型服务业,虽然所占比重不高,但渐有提升,反映了中小企业朝多元化、服务业化发展的趋势。

(三) 出口值

台湾经济的发展命脉一向以出口为主,其中中小企业在出口方面的贡献,更被认为是缔造台湾经济奇迹的因素,不过中小企业的出口比重也在下降。自1997年起,中小企业出口值系以财税数据中心的零税率销售额统计,资料以新台币表示,因此两套资料无法直接对应。不过,两套数据的长期趋势,都呈现中小企业出口值虽然增加,但所占比重渐趋下滑的事实[①]。

中小企业出口额在1997年达1.25兆元,占26.42%,2011年为1.65兆元,但比重已降至16.29%(见图3)。

---

① 此部分所统计的出口金额,只代表商品贸易,服务贸易的部分则未计入。

图3 台湾中小企业出口统计

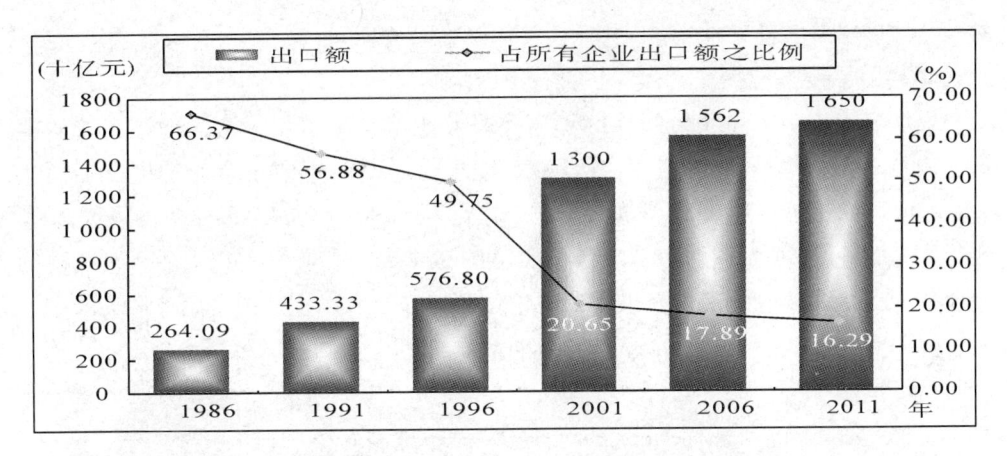

注：1997年以前出口系以亿美元表示。
数据来源：历年《中小企业白皮书》。

（四）中小企业就业人数

中小企业的就业人数呈现稳定成长趋势，由1987年的627万人逐渐增加至2011年的834万人（见图4），相对于大企业的就业人数133万人，中小企业的就业人数是大企业的6倍以上。不过，中小企业就业人数占全体就业人数比重的变化则不大，在77%~80%之间。

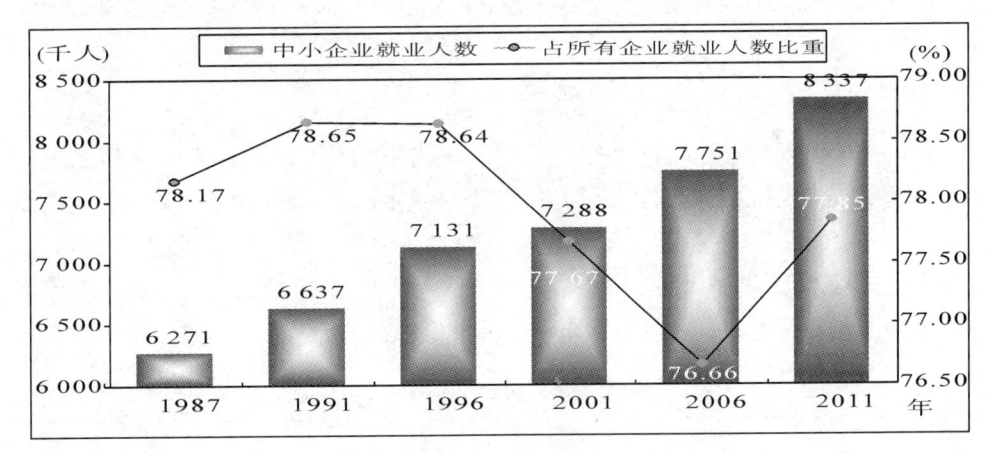

图4 台湾中小企业就业人数统计

数据来源：历年《中小企业白皮书》。

在中小企业中，制造业家数虽然远落于批发零售业之后，但就业人数规模相对较大，在提供就业机会上仍然扮演重要角色。

二、台湾中小企业的经济贡献

为了解中小企业对经济体系的贡献，以下拟从中小企业在促进经济成长、创造附加价值、创造就业机会、充实财政收入、平衡城乡发展、发扬企业家精神、健全分工网络等方面来探讨。

(一) 促进经济成长

根据每五年一次的《台闽地区工商及服务业普查》资料,台湾中小企业的生产毛额在1981年约为0.4兆元,历经25年之后,2006年中小企业的生产毛额达3.9兆元,所占比重自1981年的37.48%提高至1996年的47.53%,再降为2006年的41.85%,中小企业对经济成长的贡献约在4成左右。其中以5~49人规模的企业在中小企业各级距中占有最重要地位,其次为5人以下的微型企业。见表1。

表1　　　　　　　　　历次普查规模别生产毛额及结构　　　　　单位：百万元；%

员工人数		全部企业					
		1981年	1986年	1991年	1996年	2001年	2006年
总计		1 099 764	1 766 530	3 490 311	5 740 172	6 750 699	9 394 216
中小企业	金额	412 182	728 812	1 561 703	2 728 072	2 949 862	3 931 639
	占比	37.48	41.26	44.74	47.53	43.70	41.85
大企业	金额	687 582	1 037 718	1 928 608	3 012 100	3 800 837	5 462 577
	占比	62.52	58.74	55.26	52.47	56.30	58.15

注：以中小企业系以员工人数认定,即制造业、营造业、矿业、土石采取业员工未满200人,农林渔牧业、水电燃气业、商业、运输仓储通信业、金融保险不动产业、工商服务业、社会服务及个人服务业员工未满50人者为中小企业。

(二) 创造附加价值

从附加价值率来看(生产毛额占生产总额比率),中小企业在1991年之后的附加价值率大多维持在40%左右,其中以1996年最高,2006年降为1991年以前的水平。不过,从1996年起,中小企业的附加价值率均高于全体企业的平均值。由此可见,进入21世纪以后,产业竞争加剧,附加价值的创造愈加不易,但中小企业致力于创新研发,企业规模并未限制其价值创造的能力。见表2。

表2　　　　　　　　　历次普查规模别企业附加价值率　　　　　　单位：%

员工人数	全部企业					
	1981年	1986年	1991年	1996年	2001年	2006年
总计	35.99	36.45	42.37	42.72	42.02	39.25
中小企业	34.92	33.95	40.83	43.65	43.53	40.75
大企业	36.66	38.44	43.70	41.92	40.91	38.24
5人以下(微型企业)	59.32	59.42	63.14	64.18	59.69	58.80
5~49人	36.28	35.64	42.64	45.51	44.92	43.25
50~99人	29.26	27.67	34.15	34.88	36.85	33.21

表2(续)

员工人数	全部企业					
	1981年	1986年	1991年	1996年	2001年	2006年
100~199人	28.00	27.16	33.45	34.66	33.87	32.00
200~499人	29.89	28.40	34.82	33.20	33.99	31.64
500人以上	37.20	40.92	44.51	42.27	41.38	37.83

(三) 创造就业机会

2011年中小企业提供约834万个就业机会，1987—2011年，中小企业就业人数净增加206万人以上（见表3）。在就业比重上，中小企业始终维持在78%左右。由此可见，其对就业机会提供的增加速度与大企业相近，对就业的贡献未因时代演变而降低。

表3　　　　　　　　中小企业就业人数　　　　　　　　单位：千人；%

项目	1987年	2011年	净增加就业机会
合计	6 271	8 337	2 066
农业	1 210	536	-674
矿业及土石采取业	16	3	-13
制造业	2 191	2 158	-33
水电燃气业	0	35	35
营造业	525	813	288
商业	1 357	2 405	1 048
运输、仓储及通信业	241	452	211
金融、保险、不动产及工商服务业	131	901	770
社会服务及个人服务业	600	1 032	432

数据来源：1.《中小企业白皮书》，1998年、2012年。
　　　　　2. 由于行业分类调整，2011年水电燃气业包括电力及燃气供应业、用水供应及污染整治业，商业包括批发及零售业、住宿及餐饮业，运输仓储及通信业包含运输及仓储业、信息及通信传播业，金融、保险、不动产及工商服务业，包含金融及保险业、不动产、专业、科学及技术服务业、支持服务业，社会服务和个人服务业则包含教育服务业、医疗保健及社会工作服务业、艺术、娱乐及休闲服务业、其他服务业。

从2011年三级产业的中小企业所提供的就业机会来看，中小型农业、工业、服务业分别提供53.6万个（6.43%）、300.9万个（36.09%）、479万个（57.45%）工作机会。提供就业机会的前三大中小企业分别是中小型商业（28.85%）、制造业（25.88%），以及社会服务及个人服务业（12.38%）。其中农业、矿业及土石采取业、制造业的就业人数相对于1987年减少70万人以上，尤其以农业减少最多,服务业部门则是大幅增加。

（四）充实财政收入

中小企业的家数虽然远超过大企业,不过营业额所占比重不足3成,以致在整体财政上的相对贡献也较低。从2010年申报的营利事业所得税资料发现,2010年总计有720 000家企业申报营利事业所得税,其中96.86%属于中小企业,家数最多的是批发及零售业,其次为制造业。从申报的营利事业所得税金额来看,2010年营利事业所得税的申报金额为3 081亿元,其中中小企业的申报金额为450亿元,只占整体事业所得税的14.62%,而大企业的申报金额则高达2 630亿元,占85.38%（见表4）。不过,如果考虑企业因符合（促进产业升级条例）规定的所扣除的抵减税额,则中小企业的申报税额降为437亿元（减少13.6亿元）,约占原缴税金额的3.02%,大企业也降为2 254亿元（减少达376.6亿元）,约占原缴税金额的14.32%,中小企业在整体税收的比重则由14.62%提高为16.24%。

虽然中小企业在营利事业所得税的直接贡献相对较低,但中小企业所雇用的就业人数高达819万人（2010年资料）。若以各行业平均薪资计算,则提供的薪资每年高达2.1兆元,远高于大企业的0.4兆元,间接对综合所得税税基扩大与税额提高具有重大贡献。见表4。

表4　　　　2010年规模别营利事业所得税申报金额与薪资支出　　单位:百万元;%

项目	营利事业所得税 中小企业	营利事业所得税 大企业	营利事业所得税（扣除产生条例）中小企业	营利事业所得税（扣除产生条例）大企业	薪资支出 中小企业	薪资支出 大企业
合计	45 045	263 021	1 362	37 656	2 105 616	448 993
农、林、渔、牧业	155	203	6	14	8 627	26
矿业及土石采取业	125	6	4	0	128	0
制造业	20 295	154 410	1 206	34 615	43 199	19 197
电力及燃气供应业	14	2 709	2	18	92	119
用水供应及污染整治业	235	655	6	46	557	31
营造业	6 630	4 141	28	79	22 529	383
批发及零售业	10 506	35 104	63	634	33 741	1 523
运输及仓储业	1 359	5 053	3	189	6 983	1 891
住宿及餐饮业	439	1 518	6	47	12 206	296
信息及通信传播业	530	17 847	12	928	3 870	2 806
金融及保险业	838	28 613	5	160	8 181	2 912
不动产业	1 522	5 658	4	177	1 834	85
专业、科学及技术服务业	1 408	4 651	11	694	7 005	2 084

表4（续）

项目	营利事业所得税		营利事业所得税（扣除产生条例）		薪资支出	
	中小企业	大企业	中小企业	大企业	中小企业	大企业
支持服务业	630	1 453	3	11	4 444	457
教育服务业	0	28	0	1	5 060	1 726
医疗保健及社会工作服务业	23	97	0	0	4 687	3 583
艺术、娱乐及休闲服务业	5	344	0	41	1 790	172
其他服务业	114	512	0	2	10 537	126

数据来源：《台湾地区人力运用调查》原始资料，2010年；《台湾地区人力资源统计》原始资料，2010年。

（五）平衡城乡发展

台湾地区中小企业的空间分布多集中于北部。从2011年来看，中小企业家数以台北市最多，达205 945家（16.09%），其次是新北市，达201 418家（15.74%），其他县市依次为台中市、高雄市、台南市，分别有166 392家（13.00%）、151 096家（11.81%）与100 385家（7.84%），但与台北市、新北市相比有相当大的差距。

虽然各县市的家数差异相当大，但都以批发零售业为主要的产业。相对于1998年，各县市中小企业的家数皆见增长，其中以新竹市增长最快，达59.23%。销售额则以台中市与台南市增加最多。

分别统计各县市的中小企业家数、销售额与平均每户所得的相关性，发现1998年中小企业的家数多少与该县市每户所得高低的相关性达61.94%，到2011年降为46.90%，而1998年中小企业的销售额多少与该县市每户所得高低的相关性更达64.56%，到2011年也降为48.52%。若考虑台北市因为是许多母公司的所在地，与其他县市属性不同，予以排除后重新计算，则发现中小企业的家数多少与该县市每户所得高低的相关性，由1998年的42.31%提高为2011年的48.65%，而中小企业的销售额多寡与该县市每户所得高低的相关性，也由1998年的45.58%提高为2011年的49.75%。由此可见，中小企业对提高地区所得，平衡城乡差距确有贡献。见表5。

表5　各县市中小企业家数、销售额与每户所得的相关性

项目	中小企业家数与每户所得相关性		中小企业销售额与每户所得相关性	
	1998	2011	1998	2011
整体县市	0.6194	0.4690	0.6456	0.4852
台北市以外的县市	0.4231	0.4865	0.4558	0.4975

数据来源：《中小企业白皮书》，1999年、2012年；《家庭收支调查报告》，1999年、2012年。

（六）发挥企业家精神

Schatz（1987）认为新设企业对于就业机会、促进经济成长、劳动竞争与创新有相当的贡献，因为他们必须透过创新才能取得市场占有率，所以新设企业对经济成长与技术进步有激励作用，在产业结构被破坏与再创造的同时，奠立了新设企业在经济体系中的地位。Johnson（1986）认为新设企业是老企业年轻化的催化剂，而且新设企业不论其成败，都可以刺激既存企业更有效的经营或争取更多市场机会，新设企业也为整体经济注入新的活力，所以新设企业对整体经济的管理创新、产品创新或服务创新都有重要的影响。在就业方面，因为新设企业可以发现既有企业所忽视的市场利基，因此能创造自己的需求，并产生新的或额外的工作机会。

台湾的新设企业（以设立一年内为代表）家数每年为整体企业的 7%~10%。以 2011 年为例，新设企业达 99 827 家，占整体企业家数的 7.62%，其中中小企业高达 99 584 家，占全体新设企业的 99.58%，因此新设企业几乎可以与中小企业划上等号。每年新设中小型企业皆以批发及零售业的家数最多，2011 年达 46 034 家，占新设中小型企业的比重高达 46.23%；其次为住宿及餐饮业，2011 年达 16 310 家，所占比重为 16.38%。

新设企业虽然在家数上占有一席之地，但在营业额的比重低于 1%。不过，仍无法抹杀新设企业在创造就业机会上所做的贡献。就台湾每年约十万家左右的新设企业而言，以平均每家企业就业人数 4.33 人估算，则其所创造的就业机会达 40 万个以上，因此新设企业的多少，不仅是企业家精神的发挥，更是解决经济与社会问题的重要途径。这也是欧洲国家将创业视为解决失业问题的重要对策的原因。

（七）健全分工网络

中小企业由于规模小，经常面临资金短缺、人才不足等问题，在生产与营销上也无法具有大企业的优势。究竟台湾的中小企业是如何克服上述之弱点呢？高承恕（1991）与陈介玄（1994）都认为中小企业之间所形成的协力网络是台湾中小企业竞争力的关键。因此，生产和营销网络化的关系与机制，是奠定我国台湾中小企业的国际竞争力的重要保障。

不过，大企业与中小企业在生产或营销网络上的相依关系，缺乏全面性的实证数据。王素弯与吴惠林（2000）曾以1991—1996年规模别产业关联表来看大企业与中小企业的资源运用情况，发现不管大企业或中小企业的中间投入来自中小企业的比率都在提升中。由此可见，大企业愈来愈倚赖中小企业，而中小企业间的互助合作也愈来愈密切，说明中小企业在供应链中的重要性逐渐增加，在经济体系中扮演连接的角色日趋重要。

四、台湾中小企业所面临的挑战

中小企业是台湾的基层经济体，也是经济结构的磐石，更是台湾经济成长的关键，未来仍将是经济发展的基础。然而，中小企业的家数与销售额虽然不断提高，但长期在整体企业中的比重不见增长。尤其近年来，中小企业在外在与内在环境上都面临相当大的挑战，其中在外部环境的变化包括：

（1）全球经济成长由欧美主导模式转为工业国家与新兴国家并重的双元经济发展模式，新兴经济体的发展模式与我国台湾类似，对中小企业形成巨大的竞争压力；

（2）在WTO多哈回合推动触礁后，FTA的签署方兴未艾，区域整合加速发展，结盟国家市场开拓日益困难；

（3）气候变迁加剧，节能、减碳意识高涨，国际环保要求趋严，产品必须符合相关的国际环保公约或指令，否则将遭遇市场进入障碍或门槛；

（4）全球将经历智能化、网络化、数字化、本地化、新材料开发应用、多元领域技术整合、环保与精敏弹性制造等第三次产业革命，无法跟上脚步将面临淘汰。

在内部则仍然遭遇以下问题：

（1）企业大型化、集团化趋势愈来愈明显的竞争，中小企业经营日益困难。

（2）中小企业经营者多属技术人员自行创业，往往缺乏营销及财务方面的能力，而以代工为基础的经营方式，也让中小企业因为无法掌握消费者未来的需求，造成自创品牌困难度更高。

（3）中小企业多数缺乏健全的财务管理制度，致使金融机构无法得知中小企业的财务实况；同时，银行融资主要仍以实体资产为评估的依据，对于拥有宝贵的智能资本或顾客价值的服务业而言，常在融资时面临极大的困难，反而承担较高的风险或错失企业成长的良机。

（4）资源有限，创新研发投入相对较少，信息收集能力较为不足，因应市场变化的能力有待提升。

（5）人才是企业的核心竞争力，全球化时代，人才竞争加剧，尤其是中小企业在人才竞争上，往往因为劳动条件不如大企业，处于竞争劣势。

（6）台湾为小农型的经营模式，农业生产成本高，营销能力不足；同时，农业品保鲜不易，运销与通关方式成为主要障碍。

五、台湾中小企业未来的发展方向

在全球化、自由化的趋势下，人才、资金、技术等方面的移动速度加快，企业的竞争更为激烈，台湾地区的政策，也由过去着重提供企业奖励或补助，转而以建构健全的环境为主轴，使企业在求快、求变、创新、多元的环境中，拥有公平竞争的机会。尤其中小企业虽然在家数与销售额比重上降低，但从附加价值的角度，却更显出其重要性。因此，建议未来中小企业应朝下列方向发展，以延续过去在经济体系的贡献，进而创造更光明的前景。

（一）以知识力与创新力打造竞争优势

随着知识经济时代的来临，台湾的制造优势不再，如何从过去偏重制造与技术发展的产业形态转型与调整，重新赋予产业新的生命，是今日以知识为主要竞争筹码的产业发展所要面对的问题。全球化、国际化使得产品生命周期更为短暂，中小企业应转化既有知识，结合科技与创意美学、制造与服务，不断研发新产品或朝向新的事业领域转型发展，以创新打造竞争优势，带动台湾产业持续发展的新样貌。

（二）坚持质量掌握需求，建立自有品牌区隔市场

金融海啸后，以出口为主的德国，经济快速复苏，2010年经济成长率达3.7%，远高于欧盟27国的平均1.9%。德国制造已成为高质量、高单价的同义词，即使劳动成本高且货币强势，德国仍是世界上第二大出口国，其中的关键在于德国中小企业坚持质量与永不让客户失望的经营理念，并借由与客户频繁接触以掌握服务需求，而得以有效整合技术创新，使产品立于不败的地位，值得台湾地区中小企业效法。

过去台湾的中小企业从默默无名的打拼到台湾奇迹的创造，举世皆知，但近年来新兴国家急起直追，使中小企业必须开启新的经营方式，才能与新兴市场的产品进行质量区隔，其中打造自有品牌或建立品牌联盟，将是未来竞争不可或缺的策略之一。

（三）加速产业升级，掌握绿色商机

根据王素弯与蔡金宏（2009）的研究，我国台湾地区与祖国大陆（含香港特别行政区）产业上下游的分工合作程度较高，属于垂直分工类型，而与欧盟、东盟等，则属于产业同构型较高的水平分工形态。因此，在区域经济整合不断广化及深化的前提下，我国台湾地区应以产业升级为主要策略，以掌握台湾产业在价值链上游的关键地位。

另外，目前绿色供应链成为全球为热门的议题。有鉴于未来绿色商机庞大，而我国台湾地区中小企业又面临技术能力仍落后欧、美、日等环保技术先进国家的困境，加上国际环保规范多而繁杂，中小企业的解读能力相对较为不足。因此，了解目前的绿色潮流与趋势，主动、积极参与研讨会，加强法规与政策的收集，并致力于符合本身产品所需的环保要求，才能有效掌握绿色商机。

（四）善用经济圈优势，致力拓展市场

我国台湾地区位居亚太地区的中心位置，是衔接东亚与北美航线最重要的转运站之一，也是进入祖国大陆市场的跳板，具有优越的经济与战略位置，我们应充分利用此一特殊优势，善用《海峡两岸经济合作框架协议》（ECFA），建立合作与互补的产业链，经由重点集中与优势深耕的方式，减少竞争风险，作为进军邻近经济圈的决策中心及价值创造基地，以拓展全球商机。

参考文献：

[1] 于宗先，王金利. 台湾中小企业的成长 [M]. 台北：台湾联经出版事业公司，2000.

[2] 王素弯，吴惠林. 台湾地区历年规模别产值与规模别产业关联的推估——规模别产值的计算与估计 [R]. 中华经济研究院（台湾），2002.

[3] 王素弯，吴惠林. 影响新设企业形成因素之研究——以台湾为例 [J]. 台湾经济论衡月刊，2003，1 (11).

[4] 王素弯，等. 中小企业对台湾经济贡献之评估 [R]. 中华经济研究院，2006.

[5] 王素弯，蔡金宏. 小企业在区域经济发展应有的角色 [R]. 中华经济研究院（台湾），2009.

[6] 吴惠林，周添城. 试揭台湾中小企业之谜 [J]. 企银季刊，1998，11 (3).

[7] 陈介玄. 协力网络与生活结构：台湾中小企业的社会经济分析 [M]. 台北：台湾联经出版公司，1994.

[8] 薛琦，胡名雯. 中小企业的蜕变与竞争力 [R]. 中华经济研究院（台湾），1999.

[9] Birch, David. Who Creates Jobs?, The Public Interest, 1981 (65).

[10] Johnson, Peter. New Firms: An Economic Perspective, London, Allen and Unwin, 1986.

[11] Schatz, K. W. The Contribution of Small and New Enterprise to Growth and Employment. in Gemper., Bodo B., ed. Structural Dynamics of Industrial Policy, Transaction Books, Oxford, 1987: 89–104.

房产税税负公平性研究述评

邓菊秋

内容提要：房产既是消费品又是投资品，是衡量一国居民纳税能力的客观标准，房产税体现了支付能力原则。现有的文献对房产税是否具有收入分配的功能没有得出一致的结论。有研究认为房产税是对资本的征税，具有累进性；也有研究认为房产税是对消费品征税，具有累退性；还有研究认为房产税是为消费地方公共服务而支付的使用费，是分配中性的。因此，从理论上无法说明房产税具有调节收入分配的作用。在实践中，房产税受到税制设计、房产类型、评估规则等因素的影响，税收归宿更倾向于累退性。鉴于房产税的归宿并不一定能体现税收的公平原则，把房产税改革目标定位于筹集财政收入为主，兼顾调节收入分配是符合我国现实需要的。

关键词：房产税；公平性；税收归宿

税收公平原则是现代国家设计和实施税收制度的首要原则。税负公平是指税收负担要和纳税人的经济能力或纳税能力相适应，经济能力或纳税能力相同的人缴纳相同数额的税收，经济能力或纳税能力不同的人缴纳不同的税收。要实现税负公平，就要做到普遍征收、量能负担，还需统一税政、集中税权。在实践中，如果某种税的税收负担归宿与纳税人的纳税能力分布一致，就说明该税种具有公平性，发挥了其调节收入分配的功能。然而，一种税是否具有调节收入分配的作用则取决于税制设计、征收方法、制度环境等因素。房产税是以房产价值为税基的一种财产税，财产是衡量纳税人纳税能力的标准之一，标志着纳税人的一种独立的支付能力。目前，国内一些学者如高培勇、马国强、李晶、刘明慧等提出了房产税可以通过调节财富存量而有助于实现收入分配公平目标这样的观点。那么，房产税是否具有调节收入分配的功能和作用呢？如果房产税的税收负担归宿是累进的，则房产税可以成为政府调节收入分配的手段和工具；如果房产税的税收归宿是累退的，那么，房产税就起不到调节收入分配的作用。因此，房产税的公平

作者简介：邓菊秋，四川大学经济学院财税系主任、副教授。
基金项目：国家社科基金项目"房产税的定位及其改革路径研究"（项目编号：13BJY151）。

性研究是对房产税的收入分配功能之证实或证伪,从而为房地产税制设计提供重要的理论依据。因此,有必要弄清楚房产税是否具有累进性,即房产税是否具有公平性。

一、房产税税负公平性的理论探讨

房产是社会财富的重要组成部分,对财富征税是对所得税和消费税的一种补充,也符合支付能力原则。美国财政学家罗森认为,拥有财产的人具有纳税优势,因为如果两个人收入相同而其中一个人拥有一笔财产,那么这个人具有较强的纳税能力。不仅如此,财产本身可以给产权人带来收益和安全感,从而减少其储蓄意愿。从"横向公平"的税收原则考虑,对财产课税并且课以重税才是合理的。房产税是西方发达国家地方政府的主要收入来源,但从它产生以来,关于房产税的税收归宿,人们就一直争论不休。

(一) *房产税是累退的*

狄克·那泽(Dick Netzer, 1966)采用局部均衡的分析方法研究了房产税归宿问题。他认为,房产税是针对土地和建筑物的一种消费税,税收归宿由有关的供求曲线的形状来决定。只要土地的数量不变,其供给完全无弹性,土地的所有者就要承担全部税负。从长期来看,建筑物的供给是完全弹性的,能以市场价格获得它所需要的任何数量的资本,因此,对建筑物的课税,其税负完全由租房者承担。也就是说,对土地课税由地主承担,其税收负担与租金收入成正比;对建筑物的课税由房屋消费者承担,其税收负担与房屋消费金额成正比。房产税是基于住房单元价值的比例课税,和高收入家庭相比,低收入家庭在住房上的支出比例大,低收入家庭的房产税负重。因此,房产税是累退的,这种观点被称为房产税归宿的传统观点。

来自土地的税收对累进程度的影响取决于土地所有者的收入份额是否随着总收入的增加而上升。人们普遍认为实际情况确实如此,对土地课税具有累进性。来自建筑物的税收对累进程度的影响主要取决于住房支出占收入的比例是否随着总收入的增加而上升。如果住房支出比例是下降的,则对建筑物课税是累退的;反之,则是累进的。对收入的衡量标准也会影响结论。采用年收入标准,住房支出比例随着收入增加而下降,因而这种税是累退的;采用永久性收入标准,住房支出与永久性收入大致成比例,说明这种税既不是累退的也不是累进的。

(二) *房产税是累进的*

米斯科斯基(Mieszkowski, 1972)采用一般均衡分析方法分析了房产税的归宿,认为房产税是对地方资本使用所征收的扭曲性税收,这种观点被称为房产税归宿的资本税论(Capital Tax View)或新论(New View)。新论把房产税归宿分成两个部分:利润税和消费税。假定全国范围内资本供给是完全弹性的,在整个经济中几乎所有的地方行政区都广泛使用房产税,就相当于对所有资本征税,资本所有者作为一个整体负担了全国房产税的平均税负,这就是房产税归宿的"利润税效应"（profit tax effect）；房产税税率高于或低于全国平均水平会导致"消费税效应"（excise tax effect），即房产税使资本从高税率的地区流出，从而降低了当地土地和劳动力等生产要素的生产率以及对这些要素的竞争性回报，提高了房屋和消费品的价格。与此同时，资本流入低税率的地区，使流入地区的工资和土地价格上升，并使房屋和消费品价格下降。从全国范围来看，消费税效应趋向于在总量上相互抵消。因此，利润税效应是决定房产税归宿的主要因素。

考虑到房产税的地方特性，佐州和米斯科斯基（Zodrow-Mieszkowski，1986）分析了由单个独立行政区发起的税收变革的归宿问题。假设一个小行政区提高了对资本征收的房产税，这一提高会驱使资本从该地区流向经济中的所有其他地区，使得整体的资本回报率稍微下降一点。全国资本收入的总体下降正等于该税区得到的税收收入，也就是说资本承担了全部的税收负担。这正是新论中的利润税效应被运用到解释单个小税区房产税上升问题时可能产生的结果。从地方角度来看，高税率导致的资本外流减少了该税区内流动性较低的要素（土地和劳动力）回报率并（或）提高了地方消费者须承担的商品价格时，尤其是在短期内，资本是无法流动的，地方消费者和要素所有者承担了为地方支出筹资的房产税负担。

一般均衡分析表明，地方政府都对本区域内房产征税，平均税率可以看成全国范围内对房产征税的统一税率，业主支付的平均房产税税率就是对所有资本征税的税率。因为富裕家庭的资产多，缴纳的税款也多，所以房产税是累进的。从单个地区来看，房产税负担是双重的：一是全国范围内的负担，体现在全社会范围内总体资本回报率下降；二是地方负担，由当地劳动者、地主和消费者承担。因此，从全国范围看，房地产税是累进的；从单个地区看，房地产税是累退的。

（三）房产税是分配中性的

汉密尔顿（Hamilton，1975a）从理论和实证两个方面论证了地方房产税是受益税，即房产税是当地居民对所获得的公共服务的付费，充当了人头税的功能，是分配中性的。受益税论（Benefit Tax View）认为是从蒂博（Tiebout，1956）关于地方公共支出决定理论的模型中延伸而来的。受益税论证说消费者的流动性和行政区域之间的竞争，加上合理的投票行为和分区制，以及（或者）将地方财政差别体现在房屋价格中的资本化行为，能使地方财产税变成受益税——为所获得的地方公共服务而支付的费用。

在蒂博模型中，个人考虑选择社区居住的一个要素就是社区中可供选择的税收和服务结构——居民将要承担的税负和居民将从公共服务中享受到的受益。如果有许多社区，每个社区的服务和税收组合互不相同，那么人们将选择给予他们最大满足的社区。如果某个居民对某个地方政府提供的公共服务以及由此所应负担的税收不满意的话，那么他就会选择离开，到他所喜欢的地方居住，支付为提供公共服务所需的税收。汉密尔顿（Hamilton，1975b）将房产税融资加入了蒂博模型，其结论是在所有的社区内，不仅人们对公共服务的需求趋同，而且人们在房屋的消费上也趋同，人们不会因为房产税的征收或增加而调整他们的房屋消费，因此，房产税被有效地转化为人头税。人们根据自己对房屋的偏好和对公共服务的需求进行分类后进入相应的社区。此时，公共部门的资源配置是有效率的。因为财产税实际上已经变成了人们为享受地方公共服务所付的一次总赋税（lump-sum tax）。用于房屋消费的资源配置也是有效率的，而且不存在通过地方公共部门对家庭之间进行收入再分配的状况。

奥茨（Oates，1969）研究发现，社区间地方房产税和公共服务"资本化"为住房价格能够很好地说明房产税可以看成地方公共服务支付的费用。高度流动性的家庭对住房有不同的需求，并且房屋的供给是固定的，社区内的财政资本化还是使地方财产税转变成一种纯粹的受益税，即使社区内房屋价值不同。在趋异社区（指社区内的房屋价值不同）内，较昂贵的房屋不得不打折出售，其折扣等于其财政差额——将来所需缴付的所有财产税与受益之间的差额的现值；同样，低价值的房屋则以较高的价格出售，溢价反映了未来所付的税收小于所获得的公共服务的差额的现值。结果任何财政差别都被完全资本化了，资本化意味着在昂贵的社区购买低价值的房屋以便以较低的价格获取当地公共服务的策略是无效的。所有的家庭都为他们所获得的公共服务付费，财产税又被有效地转化为一种人头税或受益税。

受益税论认为地方政府征收的房产税实际上不是一种税，而是一个人为能使用社团服务和设施而自愿缴纳的费用，税收起到价格的作用，引导个人做出经济效率最大化的决策。受益税论考虑了支出收益和税收负担，两者由同一方承担，税负和收益在边际上相互抵消。净效应既不是累进的也不是累退的，而是分配中性的，不会造成任何行政区域之间的收入再分配。

二、房产税税负公平性的实证研究

除了从理论上探讨房产税的公平性以外，学者们还对房产税的公平性进行了实证检验。在现有的文献中，学者们对西方国家尤其是对美国房产税是否具有公平性的实证研究较多，国内学者对房产税公平性研究较少。因为房产税是美国地方政府的主体税种，房产税收入大约占地方财政收入的2/3。美国50个州的地方政府都征收房产税，有34个州的州政府征收房产税。同时，房产税也是企业经营、消费者住房消费的主要成本之一，在美国是最不受欢迎的税种之一，常常被引述为在地方辖区、房产价值、房产结构之间税负分配不公平。地方政府长期以来依赖房产税筹集资金，政策制定者认为房产税是累退的，起不到调节收入差距的作用。有的研究发现房产税是累退的，有的研究发现房产税是累进的。亨利·阿龙（Henry Aaron，1975）认为，美国的一些州中，人均收入与实际的财产税率正相关，该事实支持了房产税累进论；而在一些县级行政区内二者却呈负相关。这一事实则支持了房产税累退论。因此，在实证上房产税是否具有累进性并没有一致性结论。

(一) 房产税的税制设计对税负公平性的影响

尽管房产税的税制设计在地方税收辖区之间是类似的，但制度特征如减免额、税率等有所不同。美国有些州实施一套统一的房产税制度，适用于所有的地方政府，比如标准的减免数额。而有些州，如德州，可在州政府规定的最低减免数额范围内，自行决定减免数额。Plummer（2003）利用特殊的房产数据研究居民房产税的归宿情况，检验房产税的制度特征如家庭减免、65岁及以上老人的自有住房的减免、税率对房产税归宿的影响。他从德克萨斯州达拉斯县的2 000个合格的评估师工作档案里获得357，264个自有住房的样本，这些房产的市场价值大约447亿元，2000年支付的房产税8.5亿元，其中，学区房产税大约占59%，县属房产税占18%，市属房产税占23%。研究发现：①法定税率。税率对县属房产税和学区房产税的归宿几乎没有影响，但是对城市房产税的归宿是累退的，低收入城市比中高收入城市倾向于更高的税率。低价值房产实际平均市属税率为0.642 8%，中等价值房产税率为0.607 2%，高价值房产税率为0.603 4%，意味着税率对市属房产税的累退性作用。②家庭减免。家庭减免影响城市和学区的税收归宿，但影响结果是相反的，家庭减免使城市房产税更具有累退性，因为中等收入的城市比低收入或者高收入城市享有更少的减免，中等价值房产的免税额只占其市场价值的8%，而低、高价值房产的免税额平均占其市场价值的14%。与之相对照，家庭减免使学区房产税更具有累进性，因为减免的数额是房产价值的一定比例，房产价值越高，减免的数额越少。固定数额的免税增加了学区税的累进性，因为它降低了低价值房产的有效税率。③年龄减免。65岁以上老年人家庭有学龄儿童的可能性小，对公共服务的使用少些，并且收入比较低，因此享受一定的免税待遇。所以城市对65岁以上老人提供5 000~75 000美元的免税额优惠。65岁及以上老人的自有住房的减免提高了城市、县属和学区房产税的累进性，因为65岁及以上、有住房的老人的收入分布是不成比例的，以及房产价值越高减免额越少。

(二) 房产类型对税负公平性的影响

房产税是企业重要的运营成本，也是消费者最主要的居住成本之一。房产类型不同，消费者所承担的税负也不一样。商业房产以完全的市场价值课税，住宅房产享受到各种减免等优惠，或者以获得价值课税，因此，不同类型的房产税负是有所不同的，即使都是住宅房产，其税负也有所差异。Jack Goodman（2005）根据美国人口调查局提供的2001年《住宅金融概览》数据分析得到的结论是：全国住宅平均有效税率为1.1%（有效税率即实际缴纳的税收与房产价值的比值），自有的、独栋住宅税率为1.04%，2~4个出租单元公寓的有效税率是1.45%，小型出租房产的有效税率比自有独栋住宅的高1/3，有5个以上出租单元的公寓的平均税率比自有住宅高37%。税负因房产类型不同而有差异，这种差异来自于地方政策、政策实施的质量及数据准确性等方面。美国州政府制定房产税法律及实施规则，各州适用于公寓和独栋住宅的税率不同。公寓比独栋住宅税负重的原因有以下几个方面：一是很多地方税收管辖区有明确的政策规定，对公寓比独栋住宅课税重，因为公寓常常被认为是商业不动产而不是住宅，能够产生收入，地方政府对商业不动产课税高于居住用的不动产。即使公寓与独栋住宅的税率一样，政策实施也会致使公寓税负更重。例如，一些地方政府根据销售价格评估自有房产价值，而根据租金收入或净营运收入评估公寓价值。相对于真实市场价值，不同的评估方法得到的评估值也是不可比较的。此外，有些地方政府限制独栋住宅税负的增长，而没有限制公寓税负的增长。二是单位房产价值与税率具有明显的负相关关系。根据现有的数据，所有出租公寓的平均税率是1.42%，自有独栋住宅的平均税率是1.05%。房产价值低于55 001美元的公寓平均税率是1.61%，同样价值的自有独栋住宅平均税率是1.18%。同种类型的房产，大多数公寓住宅承担的税负比同样价值的自有独栋住宅重，最低价值房产的税率是最高价值房产税率的二三倍。房产价值高于20万美元的公寓平均税率是0.69%，同样价值的自有独栋住宅的平均税率是0.94%。

房产位置、价值和类型影响房产的有效税率。房产税法规通常对不同类型的房产制定统一税率，而不考虑房产类型以及同一类型房产的价值差异。研究表明：低收入自有住房者所缴纳的房产税在现有收入中的比重高于高收入自有住房者，公寓居住者缴纳的房产税在长期收入中的比重比自有住房者高39%。此外，在实践中，自有房产比出租公寓得到房产税优惠。《住宅金融概览》数据显示，享受到房产税优惠的独栋自有住房大约占5.9%，而公寓只占2.0%。自有独栋住宅与出租公寓的房产税税负差异有力地证明了房产税横向不公平。

（三）房产评估规则对税负公平性的影响

以市场价值为税基的房产税，其评估方法、评估频率、评估率以及评估信息的披露等因素对税负公平性都有影响。

1. 房产价值评估方法对税负公平性的影响

多数国家房产税的税基是评估价值，评估价值也就决定了地方政府所能征收到房产税税收收入。评估方法有市场价值法、成本法和收入法。不同的评估方法得出的评估价值也有差异。比如纽约州规定：居民住房、空置房要采用市场价值法，工业房产和设施采用成本法，商业房产采用收入法。相对于真实市场价值，不同的评估方法导致的估值不可比较。并且，评估频率的差异也会使评估价值与当前市场价值有差异，法律没有要求定期评估，有些地方政府十多年没有再评估，这些因素都会影响到税负公平。

2. 评估率对税负公平性的影响

房产税的税基通常是评估价值的一定比率，称为评估率，比如以评估价值的60%或者80%为税基征税。美国的一些州对所有课税房产适用同一评估率，而另一些州则规定对不同房产类型适用不同的评估率，居民住房比商业房产适用更低的评估率，从而导致同样房产价值的不同业主缴纳的房产税是不同的。

3. 以"购买价值"课税也不符合支付能力原则

为了减轻居民的房产税负担，美国加州"13号提案"废除了市场价值课税，采取了以"购买价值"为税基课税。当房产转让时，则以新的购买价格为税基课税。这样，在不同时间购买同一住房，承担的税负却不同，从而产生了税负不公平。尤其是在价格上涨时期，新来者比原有的居民承担更多的税负。按"购买价值"征税，房产税就不能体现出横向公平的特征。

4. 简评

综上所述，从理论上无法说明房产税究竟是累进的还是累退的，即不能充分说明房产税天然具有公平性的特征。造成这种分歧的原因主要有三个方面：一是对房产税性质的看法不同，累进论把房产税看成对资本征税；累退论则把房产税看成对消费品征税；中性论则把房产税看成对地方公共服务的消费而支付的使用费。二是对资本供给弹性的假设不同。累进论认为资本的短期供给是无弹性的，而长期供给是有限弹性的；累退论则认为长期内资本供给完全弹性，以建筑物形式保有的资本同样如此。三是研究方法不同。累进论运用一般均衡的分析方法，累退论则运用局部均衡的分析方法。

房产税的功能是房产税潜在的能力，规定了现实能力的边界，房产税的功能决定了房产税的作用。房产税能否发挥这个作用则取决于税制设计、征管模式、法治环境等因素的共同影响。在实践中，法定单一税率、税收减免、税收上涨限制、房产类型、房产评估机制、征收方法等因素都会影响到房产税的公平性。贯彻税收公平原则，应扩大税基，减少税收优惠，实行累进税率。

既然房产税的累进性在理论上和实证研究中都无定论，不能简单地把房产税的改革目标定位于调节收入分配。目前我国贫富差距较大，既有财产税缺失、个人所得税调节无力等税收方面的原因，更与国民收入初次分配方面存在不公平有关。税收在再分配环节发挥的作用有限，房产税难以担当起调节贫富差距的重任。获取稳定的财政收入是任何税种最基本的目标。在房产税不能很好地调控房价，不能很好地调节贫富差距的情况下，把房产税改革目标定位于以筹集财政收入为主，兼顾调节收入分配是符合我国的现实需要的。

参考文献：

[1] 高培勇. 新一轮税制改革评述内容、进程与前瞻 [J]. 财贸经济, 2009 (4).

[2] 马国强, 李晶. 房产税改革的目标与阶段性 [J]. 改革, 2011 (2).

[3] 刘明慧. 物业税功能定位与税制要素设计 [J]. 税务研究, 2009 (10).

[4] 哈维·罗森, 特德·盖亚. 财政学 [M]. 8版. 郭庆旺, 赵志耘, 译. 北京：中国人民大学出版社, 2009.

[5] Dick Netzer. Economics of the Property Tax, Studies of Government Finance. The Brookings Institution, Washington DC, 1966.

[6] Dick Netzer. Local Property Taxation in Theory and Practice, In Property Taxation and Local Government Finance, edited by Wallace E. Oates, Cambridge, MA: Lincoln Institute of Land Policy, 2001.

[7] Mieszkowski, Peter. The Property tax. An excise tax or a profits tax [J]. Journal of Public economics, 1972, 1 (1): 73-96.

[8] Zodrow, George R., and Peter Mieszkowski. The new view of the property tax: A reformulation. Reg. Sci. Urban Econ, 1986, 16 (3): 309-327.

[9] Hamilton, Bruce W. Property taxes and the Tiebout hypothesis: Some empirical evidence, In Fiscal Zoning and Land Use Controls. Edwin S. Mills and Wallace E. Oates. eds. Lexington, MA: Lexington Books, 1975: 13-29.

[10] Tiebout, Charles M. A pure theory of local expenditures [J]. Journal of Political Economics, 1956, 64 (5): 416-424.

[11] Hamilton, Bruce W. Zoning and Property taxation in a system of local government. Urban Studies, 1975, 12 (2): 205-211.

[12] Oates, Wallace E. The effects of property taxes and local public spending on property values: An empirical study of tax capitalization and the Tiebout hypothesis [J]. Journal of Political Economics, 1969, 77 (6): 957-961.

[13] Henry Aaron Who Pays the Property Tax. Washington DC: The Brookings Institution, 1975.

[14] Plummer, Elizabeth. Evidence on the incidence of residential property taxes across households. National Tax journal, 2003.

[15] Jack Goodman. Houses, Apartment and Property Tax Incidence, Joint Center for Housing Studies, Harvard University, 2005.

[16] Alison J. Iavarone. New York State Property Tax Assessments and the Homestead Option. Taxation, 2014.

图书在版编目(CIP)数据

公共经济与政策研究 2014(下)/西南财经大学财政税务学院,西南财经大学地方财政研究中心编.—成都:西南财经大学出版社,2014.11
ISBN 978-7-5504-1656-7

Ⅰ.①公…　Ⅱ.①西…②西…　Ⅲ.①公共经济学—研究②政策科学—研究　Ⅳ.①F062.6②D0

中国版本图书馆 CIP 数据核字(2014)第 258220 号

公共经济与政策研究 2014(下)

西南财经大学财政税务学院
西南财经大学地方财政研究中心　编

责任编辑:向小英
封面设计:墨创文化
责任印制:封俊川

出版发行	西南财经大学出版社(四川省成都市光华村街55号)
网　　址	http://www.bookcj.com
电子邮件	bookcj@foxmail.com
邮政编码	610074
电　　话	028-87353785　87352368
照　　排	四川胜翔数码印务设计有限公司
印　　刷	郫县犀浦印刷厂
成品尺寸	185mm×260mm
印　　张	8
字　　数	175 千字
版　　次	2014 年 11 月第 1 版
印　　次	2014 年 11 月第 1 次印刷
书　　号	ISBN 978-7-5504-1656-7
定　　价	39.80 元

1. 版权所有,翻印必究。
2. 如有印刷、装订等差错,可向本社营销部调换。